CRM 與 圖書館讀者服務

從實務角度探討圖書館應如何有效導入顧客關係管理於讀者服務之中，以俾能收其效而去其弊。

王美玉、蕭文娟、馮秋萍　著

目次

Contents

第 1 章

緒論

　　資訊科技的進步發展造成資訊誕生、傳播與存取利用愈益簡便，社會結構亦隨之變動，連帶也使得「資訊社會」和「知識經濟時代」成為頻被討論的議題，促使各類型企業組織不得不注意這兩個名詞與其競爭力的關係。

　　奈斯畢（1983）認為「資訊社會」開始於1951到1957年間，但是Giddens直指重點說：「雖然常有人說，我們生活在廿世紀末的人，總算進入了資訊時代，但現代社會早從誕生之日，就已經是『資訊社會』了。」（Giddens, 1987, p.27）。

　　貝爾在其著作〈後工業社會的到來〉中，詳細預測並描繪未來社會將是以資訊的生產與交流為主導的「資訊社會」，其經濟主力是從事專業、管理或技術工作的雇員，其中心資源是資訊與知識（丹尼爾・貝爾／高銛、王宏周、魏章玲譯，1995），雖然貝爾的觀點引發很多學者批判（Webster／馮建三譯，1999），無可否認愈來愈多人認同在社會結構、供需條件以及科學技術不斷改變的衝擊之下，如果企業組織只注重傳統經濟學所提的生產要素：土地、勞動、資本，是無法

面對愈來愈多的挑戰甚至還會面臨被淘汰的命運；反而要具備「資訊」這項要素的個人才會是社會菁英，要具備「資訊能耐」的企業組織才會具影響力。1985年Porter和Millar就警示當時的企業組織不應再堅持以傳統的方式去維持其競爭力，並明白指出企業組織必須重視一項新的競爭要素：「資訊」（Porter and Millar, 1985）。

到了1990年代大聲疾呼資訊的重要性與價值的趨勢愈來愈成為主流：Scully和Fawcett強調企業組織要維持其競爭優勢的地位必須仰賴有效之全球競爭策略（Scully and Fawcett, 1993）；Gustin等人繼而直接闡釋「資訊」和「競爭優勢」之關聯性，指出「電腦和資訊是企業整合以及用來取得市場有力競爭優勢之重要資源。」（Gustin et al., 1994）；Akers和Porter認為資訊供給對企業組織內任何一個層級的競爭優勢扮演重要角色（Akers and Porter, 1995）；Duff（1996）和Mitskavich（1996）則強調及時提供關鍵資訊可以提升企業組織作業環境的效能，改善顧客服務，縮短製造時間並減低成本；安‧布蘭絲康（1996）則表示：「昔日的資訊是取得和管理其他資產的工具，現在資訊本身就是一種資產。」，主張握有資訊就握有一定的勝算。

到1990年代，「知識」也成為屢被提起的辭彙：Badaracco（1991）認為企業的中心是一個社會網路，而這個網路的特點就在於它能吸收、創造、儲存、轉化、買賣乃至交換知識，而且這些「知識」移動越快速對企業越好；Quinn則

點出了與顧客相關知識的重要，提出一個企業組織的競爭優勢常是來自無形的經驗與技術，以及對消費者的了解等以知識為主的活動（Quinn, 1992）；彼得‧杜拉克在其著作後資本主義社會中表示：「我們正進入一個知識社會，在這個社會當中，基本的經濟資源將不再是資本、自然資源或勞力，而是知識，具備知識員工將成為其中的要角。」（Druck, 1993；彼得‧杜拉克/傅振焜譯，1994）；Garcia（1997）主張「資訊」和「知識」是企業組織之重要資產；Thurow強調在進入廿一世紀之後，產業的優勢主要在於蘊藏於人身上的「知識」（Thurow, 1998）；比爾‧蓋茲在數位神經系統一書中則是指出未來產業是以「知識」與「網路」為基礎，未來的競爭則是「知識」與「網路」的競爭（比爾‧蓋茲/樂為良譯，1999）。

從1970年代興起的這一波重視「資訊」與「知識」的風潮，或多或少是與電腦資訊科技發達以及為謀經濟提升與社會發展有關，是比較功利取向、也比較科技取向，重視運用企業組織體系的知識資產以有效反應市場需求的能力，亦即開始重視「知識管理」的需求（Frappaolo, 1998）；加上全球化競爭壓力日益劇烈，愈來愈多的企業體會到所謂「知識經濟時代」的來臨，也開始認同「知識」已成為企業組織生存競爭，創造競爭優勢的武器（勤業管理顧問公司，2000；Housel and Bell, 2001）。因此，如何有效運用知識資產的管理來創造競爭優勢，已是企業的重要挑戰，而顧客知識（customer

7

knowledge）更不容忽視，Skyrme與Amidon在1997年針對歐美公司企業所做的調查就發現有96%的受訪者認為顧客知識是公司企業維持競爭優勢的最重要資產（Skyrme and Amidon, 1997）。

這股將顧客知識視為重要資源之潮流，引領許多企業組織注重顧客關係（customer relationship），而要建立良好的顧客關係必須懂得如何去管理顧客知識（Davenport et al., 2001），並期望在知識管理過程中能整合與利用從個人、組織和顧客而得的知識資源，以達到將最適當的資訊，在最適當的時間，傳遞給最適當的人，作出最適當的決策。

「顧客關係管理」（Customer Relationship Management，以下簡稱CRM）在整合與利用顧客的知識資源，讓業者做適當的調整來創造競爭優勢，重點在構思如何運用企業完整資源，全面瞭解每位顧客，並透過所有管道與顧客互動。傳統行銷乃以商品為核心，而CRM則以顧客為核心，希望藉此達成有效地管理顧客關係、做好顧客服務品質及加強顧客滿意度，以保持顧客忠誠度並增加顧客未來信心度。

目前國內外已有一些企業率先推動運用資訊科技去實現CRM概念，以創新行銷手法並重新建立和消費者之互動關係，也有許多專家學者思考如何運用系統軟體加速CRM的實現並減少其執行過程中的繁瑣。

長久以來，圖書館一直是各種資訊的整理與保存機構，是傳播資訊的管道之一：透過圖書館，人類得以將資訊吸收內

化成為內隱的知識，然後轉化為新的資訊，再次透過包含圖書館的多元資訊管道傳播出去，因此圖書館與人類知識的積累、傳承與創新息息相關。

由於資訊技術的快速發展和不斷突破，加上自動化技術和網際網路的蓬勃發展，圖書館在資訊應用和資訊服務的層次也逐漸提升，使得圖書館事業得以新的面貌呈現，這其中包括了近年學界熱烈探討並積極發展的「混合圖書館」和「數位圖書館」。無論圖書館以何面貌呈現，其立意宗旨皆不在獲利，且讀者永遠是圖書館最重要的資產與動力來源，沒有了讀者一切的業務都是徒然！Robert Wedgeworth於1996年第62屆國際圖書館聯盟大會（The 62nd IFLA General Conference）開幕式上就強調：「在電子時代的圖書館，使用者是我們真正的上帝。」

圖書館為了更加認識其使用者以了解其需求，也為了讓使用者體驗圖書館的改變並增加彼此的互動，可藉助企業界CRM的概念和方法，尤其在面對數位化圖書館的發展趨勢下，CRM系統軟體的引進應用正逢其時。CRM系統軟體或可幫助圖書館了解不同讀者的不同預期，這對提升圖書館讀者服務的價值或許有所助益。但是在導入CRM無可避免會碰到一些問題，也會對圖書館造成相當之衝擊，值得進一步探討。為此，本書主題以CRM為中心，涵蓋三大區塊（如圖1-1所示）：

■ 探討CRM與行銷、知識管理以及資訊技術的關係

■ 討論圖書館讀者服務可以如何應用CRM

■ 介紹應用於圖書館的CRM系統軟體實例

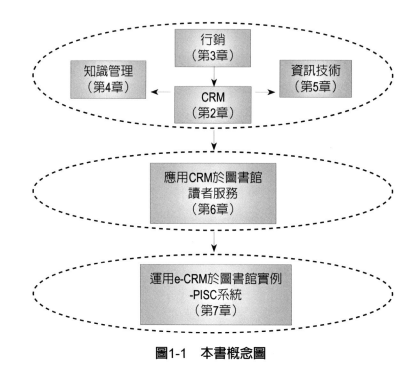

圖1-1 本書概念圖

上述三大區塊的主題分以下九章討論：

第1章　緒論

說明本書的緣起以及架構。

第2章　CRM

綜合各家對於CRM所下之定義，以利於了解其意涵及目的；敘述近年來促使企業組織採行CRM概念與系統的因素，以及CRM可以發揮之功能與效益。內容分以下三小節：

第一節　CRM意涵與目的

第二節　CRM的興起

第三節　CRM的重要性

第3章　行銷與CRM

針對行銷與CRM的相互關係做闡述，探討顧客價值與以顧客為主的思潮所造成的行銷概念的演變，並敘述CRM行銷的特點。共計三節：

第一節　行銷與顧客價值

第二節　行銷概念的演變

第三節　CRM行銷

第4章　知識管理與CRM

闡述行銷與知識管理的依附關係，並說明知識管理與CRM在運用資訊技術和導入運用方面的相似之處。共計三節：

第一節　知識與知識管理的意涵

第二節　知識管理的運用策略

第三節　知識管理服務範疇與CRM

第5章　資訊科技與CRM

本章說明CRM使用的資訊技術以及產品。共計四節：

第一節　CRM使用資訊技術的程度

第二節　CRM運用的範疇與技術

第三節　e-CRM產品

第四節　理想e-CRM產品

第6章　應用CRM於圖書館讀者服務

介紹圖書館讀者服務的演進與本質，並討論其與服務品質、行銷以及CRM的關係。共計五節：

第一節　讀者服務

第二節　數位環境下的讀者服務

第三節　圖書館讀者服務品質

第四節　行銷與圖書館

第五節　CRM與圖書館

第7章　運用e-CRM於圖書館實例：PISC

本章介紹一個為圖書館讀者服務而打造之e-CRM雛型系統。分以下列七節對PISC做介紹：

第一節　PISC概述

第二節　PISC架構

第三節　PISC需求

第四節　PISC功能

第五節　PISC功能設計架構

第六節　PISC服務項目規格

第七節　PISC的優點與缺失

第8章　結語

探討目前CRM執行現況、問題、可能的對策以及未來趨勢。共計三節：

第一節　國內建置及導入e-CRM概況

第二節　圖書館導入e-CRM系統的步驟

第三節　CRM未來趨勢與圖書館讀者服務

第 **2** 章

CRM

第一節　CRM的意涵與目的

　　CRM的意涵可溯源自Peppers與Rogers（1993）所提出一對一行銷的概念，焦點在顧客，在如何獲得、維持及服務顧客。表2-1援引一些學者和企業界對CRM之定義，以利於了解其意涵。

表2-1　CRM之相關定義

業界或學者	年代	定義說法
黃聖峰	2003	CRM是以顧客為中心的企業價值觀和文化，無論是領導者在策略規劃上，以及每一位員工在工作流程上都必須能夠真正地以顧客為焦點
Gebert et al.	2003	CRM 是為取得公司投資與顧客滿意最大平衡點的互動過程
欒斌、羅凱揚	2002	CRM是指透過資訊科技，將行銷、客戶服務……等加以整合，提供顧客量身訂製的服務，並增加顧客滿意度與忠誠度，以提昇顧客服務品質，達成增加企業經營效益的目的

Bose	2002	CRM包含顧客知識的取得以及分析,以利產品與服務的銷售
Kalakota and Robinson	2001	CRM併含企業組織的業務過程與技術,用以從多角度去了解其顧客
勤業管理顧問公司	2001	CRM是維持並提升與顧客之關係的構想、組織與架構。利用與顧客接觸所獲得的顧客資訊、交易記錄、互動經驗等資訊,建構顧客導向的流程與資訊科技
Fox and Stead	2001	是消費者及組織之間長期的建立、發展、維護及樂觀的有價關係
Ryals and Payne	2001	CRM是透過對多元化市場顧客的關係和互動去行銷其產品與服務,而且通常會利用資訊技術
羅南・史威福／賴士奇等譯	2001	CRM是企業透過有意義的溝通來了解和影響顧客的行為,以達到增加新顧客,防止既有顧客流失,提高顧客忠誠度的一種手段
洪毓祥	2001	顧客關係管理是以顧客為中心的企業經營和管理之全面性活動,隨著科技的進步及市場觀念等改變,不同時期之顧客關係管理其目的均有所不同,分為早期、中期及後期,早期是蒐集潛在客戶及培養客戶,著重於產品品質、促銷及行銷;中期為提供客戶最大的滿意程度及建立客戶忠誠度,加強快速、精確的服務品質與銷售服務;後期在建立客戶分析的行為模式和提昇企業最大價值,強調多樣化的互動管道建立、銷售服務及行銷等前後台作業之整合
Parvatiyar and Sheth	2000	CRM主張的就是以一個不只是全方位的策略而且是全方位流程去獲得並留住顧客
Grönroos	2000	提出互動關係為CRM核心的觀點,顧客不是一次交易的對象,而是「關係夥伴」,透過雙方關係的管理,達到促進交易機會、持續購買的效益

Levine	2000	CRM是利用與顧客有關的知識資源去提供產品與服務。
Möller and Halinen	2000	CRM的重點在發展辨別顧客群的方法，且有效運用行銷活動對個別的顧客群進行管理，並進一步發展關係生命週期的行銷管理活動，最後再透過效益監控，獲得CRM績效的回饋與評量
Ody	2000	提出三個觀點：1）提供合乎顧客需要的產品與服務、2）利用客服中心去了解並服務顧客、3）利用資料倉儲
Bhatia	1999	CRM是利用資訊軟體與相關科技的支援，針對銷售、行銷、客服，以及支援等範疇，以自動化的方式，改善企業流程。同時，CRM的應用軟體不僅協調了多種的企業功能，亦整合了多重的顧客溝通管道，包含面對面、電話中心、網際網路等，使組織可依情境與顧客偏好，選擇不同的互動方式
Davids	1999	CRM是「關係管理」、「終身價值行銷」、「忠誠行銷」。這些策略企圖創造企業與顧客間長期獲利的關係，並發展忠誠關係與創造利潤
Gummesso	1999	CRM是建構在關係、網絡和互動作用的基礎上，透過這個基礎去構思網絡、行銷、市場等等，可創造顧客與企業雙贏的長期關係，並使雙方的價值共同成長
Kalakota and Robinson	1999	CRM是要讓全公司所有部門、所有員工一起努力，以滿足所有顧客需求的一套整合銷售、行銷、售後服務等工作的系統。可視為在用整合性銷售、行銷與服務策略下，所發展出組織的一致性行動
Pepper et al.	1999	CRM是一種聆聽顧客需求，並進而瞭解顧客的一種方式，必須從企業對顧客最有價值點開始與顧客建立「學習」的關係

| 洪廣禮 | 1999 | CRM指的是透過整體顧客關係提供產品或服務的企業經營策略。透過最適合的時間最適合的通道，把最適合的產品與服務提供給最適合的顧客，並創造最大的利潤與降低營運風險 |
| 劉建勛 | 不詳 | 是一項經營管理的概念，要求企業將焦點放在企業營運最重要的核心─顧客─之上，試著與顧客間建立一種「學習關係」，從顧客對企業所提供產品與服務之表現，來學習如何加強提供更佳的產品與服務品質，進而以顧客為中心，訂定有效的經營管理與營運目標，以建立企業與顧客間之關係 |

　　總而言之，CRM是為了顧客而非為了產品而做的規劃，為了不偏離「顧客至上」的方向去整合各種不同的管道來與顧客建立關係，以提高顧客所需要的價值，並幫助企業組織達成其所設定的目標。

　　而融合資訊及網路技術的CRM就是電子顧客關係管理（electronic customer relationship management，以下簡稱 e-CRM）。根據CNPedia資訊百科（http://www.sunny.org.tw/ec/ec_word/detail.asp?id=488）的定義解釋，e-CRM主要在：

> 整合電子商務（EC）維持與客戶間服務的高品質互動，包括由網站、電話、電子郵件（E-mail）、傳真等方式進行互動，並提供個人化網頁自動組合的功能；同時追蹤客戶消費行為，進行銷售分析，構成一個完整的銷售體系。客戶關係管理（CRM）的方式是將銷售、

行銷、客戶服務等資料集中在中央資料庫,業務人員將資料庫的資料輸入到共享資料庫,如此一來,相關人可以獲得充份的資料,完成獲利率更高的銷售,讓企業取得競爭優勢。客戶關係管理在客戶服務上,以保留客戶、提高客戶滿意度為主;客戶開發方式以開發客戶需要的產品,分析客戶需求的特點,以協助企業尋求開發新客戶。在競爭激烈的電子商務時代,透過eCRM的企業可以利用網際網路(Internet)經營與客戶間的關係,維持更快速的互動、更高品質的服務,並進一步提昇顧客的滿意度、維持忠誠度,創造企業最大的利潤。

e-CRM與電子商務有關,依照Kalakota和Whinston(1997)的說法,電子商務的發展,從1970年代銀行之間引進了利用本身自有的網路開始發展,一直到在1990年代出現在網際網路上的全球資訊網帶來一個重要關鍵性的突破。早期電子商務乃指透過電腦網路來處理購物資訊與資金的傳送;發展至今,電子商務更被賦予是一個可以讓企業組織找尋新的競爭優勢的機制工具(經濟部網際網路商業應用計畫,http://www.ec.org.tw/)。

電子商務可分成三種:企業與企業間的電子商務、企業內部以及顧客與企業的電子商務。其中e-CRM可說是植基於第三種顧客與企業的電子商務。顧客與企業的電子商務的互動模式可分為:直接將商品或服務透過網路,並提供充足資訊與便

利的界面給顧客的B2C（Business to Consumer），以及由顧客
啟動的C2B（Consumer to Business）。所以e-CRM可以說是融
合了電子商務的CRM，應用高度的資訊和通信技術，以拓展
顧客服務的範疇（Kotorov, 2002）。也有人說明e-CRM乃結合
電子銷售、電子行銷、電子服務、網路客服中心等功能，所以
是運用科技讓顧客透過包括網路、互動式語音回覆、電子郵
件、PDA、無線設備等途徑，直接接觸企業並取得企業所提供
的資訊與自助式服務（self-service），而且e-CRM的軟體必須
具備支援顧客所需之購買、調查、問題回應等功能。

此外，e-CRM的應用面包括了內容管理、產品與價格配
置、銷售配置系統、客戶資料管理、機會管理系統、合作夥伴
管理、客戶服務、技術支援、自助式服務、問題解決、智慧
型自動回應、自動化行銷、資料分析軟體、行銷活動管理等
部分，而且都是以網際網路為基礎的自動化系統（引自黃瑩
芳，2001）。

因此CRM與e-CRM的目的在幫助企業組織從現有交易資
料做交叉分析以提高顧客利潤與價值，以低成本、高效率的方
式去維繫追蹤既有顧客以及開發新顧客，探知顧客的需求、潛
在需求、滿足與抱怨等等，並藉之改善產品與服務品質。

第二節　CRM的興起

CRM的興起，可由下列三個方向觀察。

一、行銷手法趨勢的演進

行銷手法必須隨著企業組織的內外環境的變遷做調整，依照Gartner在2001年的報告，近年來外部環境的改變包含：消費者教育程度的普遍提高、資訊增加但取得容易、網際網路發達、全球化競爭日益劇烈以及各式通路與替代品的增多。以上現象提高了消費者的期望卻降低了消費者的滿意度和忠誠度（CNET, 2001）。各企業組織不得不重新認清並重視今日需求多變的「顧客」們，因而開始強化企業與顧客間的關係以免流失市場佔有率，並掌握先機（ARC遠擎管理顧問公司，2005）。同時愈來愈多的消費者具備跟企業組織主動對話的技術和能力，而且可以掌控這種對話的進行。因此企業組織必須接受經營顧客關係已經成為企業組織行銷的主要著力點。表2-2列出顧客與企業組織關係的演進階段（普哈拉等人/李振昌譯，2003）。

企業組織設立的目的主要就是在藉由所提供的產品及服務拓展顧客，因此必須透過適當的行銷手法讓自己比其他競爭者更能贏取顧客、留住顧客，而表2-2所示的演進過程意味

表2-2　顧客與企業組織關係的演進階段

關係	顧客是被動的觀眾		顧客是主動的參與者	
	說服業已決定的買方團體	與個別買主交易	與個別顧客的終身關係	顧客參與創造價值
時間	1970年代到1980年代初期	1980年代後期到1990年代	1990年代	2000年之後
企業交換的本質與顧客的角色	■ 顧客被認為是被動的買主 ■ 顧客是事先已經決定好的消費者角色			■ 顧客是企業網路的一部份，共同創造額外的企業價值 ■ 顧客是合夥人、共同開發者，也是競爭者
管理的心態	■ 顧客只是平均統計數值 ■ 企業事先劃分許多買方團體	■ 顧客是交易中的個別統計數字	■ 顧客是人 ■ 與顧客培養信任關係	■ 顧客不僅是一個人 ■ 顧客也是社會與文化結構的一部份
企業與顧客的互動以及產品與服務的發展	■ 傳統市場研究與調查 ■ 產品與服務的創造沒有經過太多的顧客回饋	■ 透過顧客服務專案，從銷售轉變成協助 ■ 經由顧客找出問題，然後根據回饋重新設計產品與服務	■ 從試用者找出解決方案 ■ 深入了解顧客，重新規劃產品與服務	■ 顧客成為個人化經驗的共同發展者 ■ 企業與顧客協同合作
目標與溝通流程	■ 對準並接近預定的買方團體 ■ 單向溝通	■ 資料庫行銷 ■ 雙向溝通	■ 關係行銷 ■ 雙向溝通	■ 與顧客積極對話

資料來源：普哈拉等人／李振昌譯，2003

著企業組織一方面必須修改一些市場傳統的行銷組合，一方面必須找出更有效率的方法去處理從顧客獲得的資訊，才能保持顧客的興趣以配合顧客的新角色（普哈拉等人／李振昌譯，2003）。

在資訊充斥與選擇多元化的環境之下，顧客變得較難以取悅，因此客製化的產品和服務更形重要。因為顧客可以改變產業生態，也可決定企業組織的競爭力。今天的組織企業，唯有了解顧客、滿足顧客，甚至預測顧客的需求，才能在捉摸不定的市場變動中，長期佔有一席之地（ARC遠擎管理顧問公司，2005；廖志德，1999）。

而CRM可以幫助企業組織獲取顧客知識，做適當的顧客區隔與客製化的設計，以增加顧客價值，讓顧客對其產品、服務、人員及形象滿意度與忠誠度相對提高。

二、資訊技術的成本降低、成熟度增加

廿世紀開始，企業組織的營運或多或少皆尋求資訊技術上的解決方案，例如企業資源規劃系統（ERP）。ERP企業資源規劃（Enterprise Resources Planning）乃指「一個會計導向的資訊系統用來接受、製造、運送和結算顧客訂單所需的整個企業資源的確認和規劃。」其主要功能在整合作業流程與資源，並將作業流程予以簡化，透過電腦快速計算和統計，以提供管理者進行決策的工具。但由於網際網路的快速發展，資訊傳播和商品交易已不受時空限制，大幅降低產業成本，同行間

競爭門檻降低。因此，如果還停留在以「產品」為核心，強調「效率」及「控制」功能的ERP時代，忽略了「人」的關係，是難以提高產品附加價值，獲取競爭優勢（廖志德，1999；黃盈彰，發表年不詳）。

由於企業組織與顧客之間的關係隨著部門、產品、通路與公司的增加擴大而愈益複雜，從ERP邁進運用資訊技術的「e-CRM」，才能把重點從「產品」轉至「人」的關係，因為e-CRM不但可以對顧客進行系統化的分析及處理，並給予適當的決策（邁向顧客關係管理的時代，2001），也可以幫助企業組織以較低的成本管理複雜的顧客關係（CNET, 2001）。

三、知識管理受到重視

Roth和Kleiner（1998）在檢視世界幾家大製造商的研究中，發現它們為了維持其動態的競爭優勢與核心能力，必須與市場、顧客持續的參與互動改變，以達「加速學習」的目標，並提出「知識資源的擴張」及「核心程序知識的刺激與溝通」等觀念，來說明企業如何致力於知識基礎的競爭。而且由於整個企業組織所接收到的資訊遠比企業所知道的要多，只有少數資訊是所有部門知悉，還有很多資訊是指存在於每個部門甚至是只有某個人知道，所以必須透過知識管理策略機制，完整地將企業所接收到的資訊納入管理系統中，並轉換成具有價值的知識（Roth and Kleiner, 1998）。而辨認出真正有價值的顧客知識，並且確認這些知識被部署在產品、服務以及行銷組

合的內涵中的重要性也相繼被提出（邁向顧客關係管理的時代，2001）。

在快速變化的市場上，顧客的忠誠度不能單靠價格或品質，更需要的是服務和創新，所以有許多業界人士與專家學者認為在資訊時代，能夠妥善掌控與運用知識工作者智慧資本的企業組織，才能獲致成功。例如加拿大皇家銀行財務集團副董事長特別點出：客服人員必須運用分析、綜合、整合及創新等方面的能力去了解及整合相當可觀的知識，以便能充分服務顧客（法蘭西絲‧賀莉伯，2001）。

CRM系統會將收集來的顧客資料及意見加以分析應用，然後規劃出符合顧客特性及顧客需求的產品及服務，透過與顧客互動的整體過程，再依據顧客的回應意見再加以不斷地改善，所以CRM就是一個循環的知識管理流程（圖2-1），包括：知識發掘、市場規劃、顧客互動、分析與修正（CRM流程，2002）。

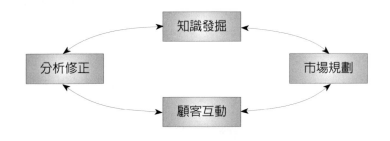

圖2-1　CRM循環流程

資料來源：CRM流程，2002

第三節　CRM的重要性

　　愈來愈多的專家學者主張企業組織應以關係為本，認為企業組織不應以商品為核心，而是以顧客為核心，重視的是顧客的需求，強調溝通與流程的改善，以提供符合甚或超越顧客需求的產品與服務，要達到上述目的，必須藉由持續的探索、溝通對話與磨練學習去回答下列問題（瑞・麥坎錫/張晉綸譯，2001）：

- 我們的顧客在哪裡
- 顧客需要的是什麼
- 顧客的潛在價值在哪裡
- 我們想要跟顧客建立什麼樣的關係
- 我們該如何促進互動
- 我們該如何共同合作

　　CRM正可以幫助企業組織回答上述問題。另有一些學者專家則提出為什麼留住舊顧客很重要的論點：（Kalakota and Robinson, 2001；徐茂練，2005；Reichheld et al., 2000）

- 營利事業如果多留住5%的顧客卻可增加20%-100%的利潤，所以提高顧客忠誠度非常重要
- 開發一個新顧客比留住一個舊顧客要多6倍時間

（Kalakota and Robinson, 2001）

- 維繫顧客終生價值高的顧客能讓企業的獲利率與價值變高
- 不滿意的顧客會做負面的口碑流傳給8-10個人
- 如果能迅速改善缺失，企業組織可贏回不滿意的顧客中的70%

CRM可以幫助企業組織維繫既有顧客。雖然開發新顧客成本較高，CRM可以藉由追蹤並分析既有顧客的資料資訊去形成有利於開發新顧客的行銷策略。

由上可知，CRM的重要性在於可以發揮以下功能：（ARC遠擎管理顧問公司，2005；Swift, 2001）

- 鞏固並保有現有顧客，也就是提升既有顧客的忠誠度
- 透過了解既有顧客的需求及其屬性，來開發獲得新的顧客
- 增加每一個顧客的價值，同時在正確的時間，提供正確的產品

同時，CRM也可以改善一個企業組織的管理與行銷能力，使其得以搜集整理個別顧客的不同資料，並進一步對於所獲得的資料作分析、處理並採取行動。這代表著這是一個可以創造並獲取價值的機會，以及與顧客之間更深度的關係（邁向顧客關係管理的時代，2001）。

第 3 章

行銷與CRM

第一節　行銷與顧客價值

美國行銷協會將行銷定義為：

行銷是規劃和執行理念、貨品和服務之構想、定價、推
廣和分配的過程，用以創造交換（exchange），滿足個
人和組織的目標。

著名行銷學者Philip和Armstrong（1998）對於行銷的看法：

行銷是一種社會與管理過程，藉著這種過程個人和群體
可經由創造並與他人交換產品和價值來滿足他們的需要
和欲望。

因此，行銷的本質在交換，是在瞭解環境與顧客；是透
過交易過程以滿足需求及欲求的人類活動；是將有關構想、商

品、服務的概念、價格、促銷和通路加以計劃並執行的一連串過程，以滿足個人和組織的目標；是在確認目前未飽和的需要與慾望，界定並衡量其大小，決定最適合於組織介入發展的目標市場，進而訂定適當的產品、服務和行銷方案，以滿足目標市場的需求，達到機構的目標；是由非營利或營利組織和個人，為滿足彼此雙方所從事的交易活動。行銷是以顧客中心導向，重視行銷研究，以市場區隔為手段，以行銷組合為工具（Kotler/方世榮譯，2000；林珊如，1977）。

企業組織要提高顧客贏取率與顧客獲得率，就必須考慮如何加強顧客的滿意度，滿意度指的是顧客比較其對產品/服務品質的期望與實際感受後，所感受到的一種愉悅或失望的程度。然而消費者是善變的，即使是具高度滿意度的顧客也會叛逃，只有和顧客維持「至死不渝」的長久關係，也就是培養顧客對於企業的認同感、涉入程度、歸屬感的忠誠度，企業組織才能成功取得顧客資本（法蘭西絲・賀莉伯，2001）。Jones and Sasser（1995）指出顧客忠誠是顧客對某特定產品或服務的未來再購買意願，並認為顧客忠誠度有長期忠誠和短期忠誠二種，長期忠誠是顧客長期的購買，不易改變選擇，而短期忠誠是指當顧客有更好的廠商或產品選擇時，就會立即拂袖而去。

顧客的滿意度和忠誠度均與顧客價值有關。顧客價值是指顧客可以得到的價值，是顧客從企業組織的產品、服務、人員及形象等所獲得總價值與顧客付出的貨幣、時間、精力及心理等總成本間的差異（Kotler, 2000）。

根據吳思華（1998）的說明，顧客價值形成的要素包含「顧客主觀的認知」、「商品組合的價值」、「廠商活動」三者之交集（圖3-1）。

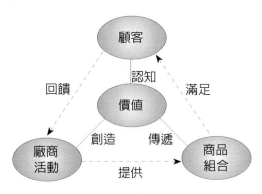

圖3-1　顧客價值

資料來源：吳思華，1998

行銷組合，像是定價、通路、形象、推廣等等，和「商品組合的價值」、「廠商活動」緊密相扣，成功的行銷必然會影響「顧客主觀的認知」，為顧客創造價值。

第二節　行銷概念的演變

傳統的行銷的手法是透過4P 的行銷組合（價格price、推廣promotion、產品product與通路place）（McCarthy, 1960; Borden, 1964）進行，以企業組織的觀點去接觸廣大顧客的大

眾行銷或專注於最有把握目標市場的目標行銷（圖3-2）。大
眾行銷視大眾為一個市場，期望藉由大眾媒體傳播的力量，行
銷所生產的一致化產品並擴大市場佔有率，和顧客只有單向
溝通（Peppers and Rogers, 1993），是產品導向，不是顧客導
向。目標行銷是小型的大眾行銷，還是以產品為主，但不再行
銷一致化產品，而且會把行銷活動區隔化。

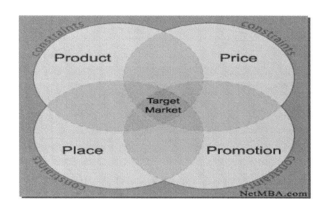

圖3-2　4P與目標市場

資料來源：NetMBA, http://www.netmba.com/marketing/mix/

到了1980年代，有感於服務業不同於製造業的營運模
式，於1981年Booms和Bitner提出4P加上的3P（人員people、
實體設備physical equipment及服務產出流程process）的7P服務
行銷組合。

　　同時期（1980年代）有些學者提出關係行銷概念，例如Levitt主張以有系統的方式去發展賣方與買方的關係（Levitt, 1983）；Berry等人（Berry et al., 1983）則強調「以個別的顧客或消費者為對象，掌握目前最新個別顧客的資訊，提供顧客客製化的產品和服務，與顧客維持長期的發展關係，從中塑造顧客的忠誠度以獲取顧客終生價值」（杜富燕、張邦基，2003）。關係行銷在「確保消費者需求被滿足；保持與消費者溝通，使企業更能瞭解消費者需求」（Evans and Laskin, 1994；楊景雍、萬金生，2002）。關係行銷重視顧客關係，是基於一個概念：要留住顧客，就要讓顧客愉悅（Payne et al., 1999），並且和顧客的滿意度相關（Day, 1984）。

　　施行關係行銷的企業組織，不會以追求利潤為唯一目的，也不會將顧客意見視為毒蛇猛獸，反而深切體認只有持續提供滿足顧客需求的品質，才能使得企業組織的營運持續下去。因此或許更適合採用以顧客觀點出發的4C行銷組合（成本cost、便利convenience、顧客customer及溝通communication）（Brunner, 1989）。Lauterborn甚至提出用C取代P的時代來臨了（Lauterborn, 1990），亦即行銷組合的注意力應轉移到與顧客建立關係的重要，而4C可說是為達到「針對顧客個人的一種行銷過程，是一長期、持續的過程，以深度瞭解顧客特徵與需要」（Perrien and Richard, 1995；楊景雍、萬金生，2002）的行銷組合。

在1990年代行銷手法逐漸從關係行銷轉移到與每一個顧客進行個人化的行銷與一對一的雙向溝通，亦即一對一行銷，強調把焦點從市場佔有率轉到顧客佔有率。所以一些企業組織開始思考如何在一對一的基礎下增加每一位顧客的營業額，一方面提昇企業組織的利潤，另一方面也可以與顧客建立一個更長遠和更忠誠的關係（Peppers and Rogers, 1993）。要應用這個觀念就必需與客戶進行互動式的溝通，所以對話是雙向的（黃彥憲譯，1998）。

欒斌、羅凱揚（2002）指出一對一行銷可以：

> 透過網際網路的協助來從事關於顧客關係的管理，而主要的目的在於吸引、維持和強化企業組織與顧客之間的關係，進而提升顧客的購買機率與企業組織的利潤；並且還強調企業組織必須針對不同顧客的需求提供其專屬的產品或服務，也就是要將產品或服務予以客製化。

個人化的一對一行銷重視如何透過互動、個人化以及加值的長期聯繫去強化買方和賣方的雙贏局面（Shani and Chalasani, 1992; Kotler, 2000），所以是預測導向，以個別的顧客為重心，必須建立雙向互動的溝通管道以增進顧客與企業彼此的了解，進而促進共同價值的創造（廖志德，2005）。進入到一對一行銷時代，企業組織必須是以所知推動行動、消弭產品與服務的界線、量身訂做每個客戶關係、把互動程序變成

產品，以及每一步都考慮到未來價值等行動，為顧客量身定做，塑造出一個專屬關係品牌（史丹·拉普、恰克·馬丁/袁世佩譯，2001）。

　　若依照顧客差異矩陣圖（圖3-3）來看，企業組織對於需求高且價值也高的顧客，適合運用一對一的行銷策略；對於需求不高但顧客價值高的顧客，則建議採用的關係行銷策略，以加強顧客之忠誠度。

圖3-3　顧客差異矩陣圖

資料來源：Peppers and Rogers, 2001

　　隨著網際網路的發達，從2000年開始結合廣告、行銷、通路及網路技術的整合行銷也開始受到矚目。數位整合行銷主要在有效運用網路環境創造高效率的行銷效益，提供從策略規劃、網站製作、專案規劃執行及到成效評估等等步驟的完整策略。數位行銷包含的層面較廣，涵蓋透過網路或數位電子通訊工具，如手機的簡訊等等。

　　總而言之，從1980年代開始行銷概念逐漸以產品導向、機構導向，並趨向以顧客為導向，從傳統行銷逐步邁向CRM行銷（圖3-4）。

年代			1980	1990	2000
層次	第一層次 大眾行銷	第二層次 區隔行銷	第三層次 關係行銷	第四層次 1對1行銷	第五層次 數位統整行銷
對象	■ 廣泛的顧客	■ 特定顧客群	■ 廣泛的顧客 ■ 特定顧客群	■ 個別顧客	■ 個別顧客
工具	■ 4P ■ 7P		■ 4C	■ CRM功能 ■ 客製化	
溝通方式	■ 採一對多的溝通 ■ 傳達的內容一致	■ 採一對多或一對少的溝通 ■ 傳達的內容依照區隔而不同	■ 採一對多或一對少的溝通 ■ 傳達的內容依照行為及喜好而不同	■ 採一對少或一對一的溝通 ■ 傳達客製化內容	
策略	■ 儘可能將現有的產品與服務行銷給大量的顧客 ■ 每一次的交易皆將顧客視為新的顧客		■ 根據顧客主要行為，推出目標明確之行銷活動 ■ 重視取得顧客對於企業組織本身的終身價值 ■ 盡量將產品與服務依照顧客的期望傳遞出去 ■ 以多元通路、事件驅動和各種訊息接觸的做法，進行個別或特定顧客群的行銷 ■ 差異化策略		

產品／機構導向　　　　　　　　　　　　　顧客導向
傳統行銷　　　　　　　　　　　　　　　　CRM行銷

圖3-4　行銷五個層次

資料來源：ARC遠擎管理顧問公司，2005；樂斌、羅凱揚，2005

第三節　CRM行銷

　　在顧客需求與期望日益多樣化的趨勢下，行銷應配合顧客的需求來改變產品與服務內容，以使顧客獲得最大的滿足。CRM焦點在於了解顧客需求及慾望，藉由組織的策略、人員、技術及企業流程的整合，將這些需求依序實現（Fox and Stead, 2001），所以CRM行銷指的是顧客關係行銷（Customer Relationship Marketing），是CRM的一環，著重於消費者未發生的動態資料，如顧客的喜好與興趣，將收集而來的這些動態資料可以針對不同類型或不同等級的顧客來擬定最佳的銷售計畫與銷售策略，縮短銷售活動的時間，妥善運用銷售資源。CRM行銷的重點就在以一個不只是全方位的策略而且是全方位流程的執行，去獲得並留住顧客，而CRM行銷旨在幫助顧客資訊的掌握更精確以及提高顧客價值。其訣竅在於資料蒐集、挖掘、分析、歸納及運用（圖3-5）。

圖3-5　CRM行銷

資料來源：王力國際有限公司，2005

　　CRM行銷是站在顧客滿意度的觀念以及顧客的立場而設，期望贏得顧客的長期忠誠並提升顧客價值，所以超越了過去的品質的觀念。CRM行銷的中心理念除了和傳統行銷一樣，重視市場研究與顧客需求分析，規劃是以顧客導向的基準之外，更重視有助於提昇產品與服務品質的作業流程，能確保實現顧客個人化的產品與服務傳送系統，以及能夠增加顧客接觸點滿意程度的作業活動，以提高顧客滿意度與忠誠度。

　　總之，CRM行銷是持續性的關係行銷，是一對一行銷，而且重視統整性，和傳統的行銷有所不同，也是近年來企業組織不容忽視的行銷新趨勢。

第 **4** 章

知識管理與CRM

第一節　知識與知識管理的意涵

　　對於「知識管理」領域中「知識」的定義，很多專家學者各有其見解。田中郁次郎與竹內弘高強調知識為個人以「真相」為目標，不斷調整個人信仰動態人文過程，所以把將知識定義為「有充分根據的信仰（Justified true belief）」的本質（Nonaka and Takeuchi, 1995）。高梨智弘、森田松太郎（2000）認為「知識管理」的「知識」是指「具有資產價值的知識」。

　　Roth和Kleiner（1998）提出「知識工廠典範」（the knowledge factory paradigm），認為任何組織均應致力於「加速學習」，以成為富知識競爭力的學習型的組織，主要論點如下：（圖4-1）

- 藉由知識資源的擴張，組織知識會改善其競爭能力
- 組織需選擇合適的策略去擴展技術的疆界與活動，進

而加速組織的知識學習

■ 學習型的組織必須藉由動態地改變其競爭基礎，而達到目標的擴展

■ 組織必須設計一種承受失敗風險的安全機制，以鼓勵經理人員去承擔風險

■ 可藉由跨組織的經驗學習，來提升組織中的個人與群體的學習，進而改善組織中成員的知識與創新發展

■ 核心程序知識可經由外界的價值鏈來刺激與溝通，以提升操作的便捷性，藉此了解現在與未來市場的需求

■ 鼓勵建立跨功能的系統來分享個人間、部門間、子公司間、聯盟伙伴與顧客間的Know-how

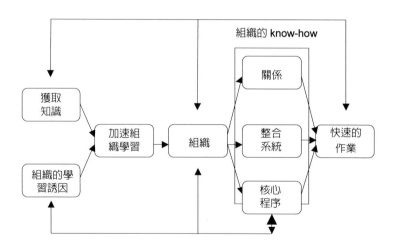

圖4-1　知識工廠典範

資料來源：Roth and Kleiner, 1998

　　在企業組織中，知識不僅存在於文件與儲存系統之中，也蘊涵於日常例行工作、過程、執行與規範當中，也就是說一開始知識會誕生在個人、團隊/專案、各層單位的個人與群體意識之中（Davenport and Prusak 1998）。這是「內隱知識」，必須表現在各種媒介形式再傳播出去變成資訊，才會成為「外顯知識」。也就是田中郁次郎與竹內弘高所提及：內隱知識與外顯知識可藉由共同化、外化、結合以及內化此四項模式（圖4-2）彼此相互的交互作用而提升企業組織內部的知識層次（Nonaka and Takeuchi, 1995）。

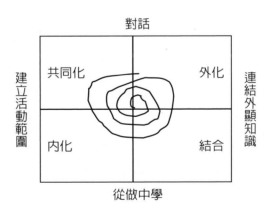

圖4-2　知識的轉換與知識螺旋

資料來源：Nonaka and Takeuchi, 1995

　　田中郁次郎與竹內弘高認為企業組織知識的創造是一種螺旋的過程，稱為「知識螺旋」，由個人層次開始，逐漸上升並擴大互動範圍，從個人擴散至團體、企業組織，最後至企業

組織外，過程中不斷有共同化、外化、結合及內化的知識整合活動。他們也提到以知識的內隱及外顯為一軸，知識的層次為另一軸，可以清楚的顯示知識螺旋在不同層級上的移動。因此個人的知識外化成為資訊不僅只是外顯知識而已，其層次也會擴增（Nonaka and Takeuchi, 1995）。

企業組織的知識管理鎖定的不只是個人或工作小組的知識，而是擴及企業內部整合與向外延伸的層次（Papows/李振昌譯，1999），知識管理是提供工具幫助組織中所有的成員一些觀察、測試、最佳化企業組織知識的系統性方法，可將企業組織內的知識從不同的來源中萃取主要的資料加以儲存、記憶，使其可以被企業組織中的成員所使用，以提高企業的競爭優勢（Spek and Spijkervet, 1997; Demarest, 1997; Quintas, 1997; Watson, 1998）。因此「知識管理」旨在將資訊納入企業組織系統中；將各種資訊分類並建立關聯，使它們易於尋找；經由發現關係、抽象化、綜合以及分享，進一步增加資訊附加價值；將其傳送到需要使用它們的人員身上 Angus et al, 1998）。

知識管理若能注意其投資報酬時會帶來下列好處：（白景文，2002）

■ 增加企業組織整體知識的存量與價值

■ 應用知識以提昇技術、產品、與服務創新的績效以及企業組織整體對外的競爭力

■ 促進企業組織內部的知識流通，提昇成員獲取知識的

效率
- 指導企業組織知識創新的方向
- 協助企業組織發展核心技術能力
- 有效發揮企業組織內個體成員的知識能力與開發潛能
- 提昇企業組織個體與整體的知識學習能力
- 形成有利於知識創新的企業文化與價值觀

　　上述的觀點皆有一共同的論述，現今企業在面對日益複雜且競爭的環境時，知識已變成其賴以生存與維持競爭優勢之利基，如何管理企業中的知識，對企業組織而言已是不容忽略的議題。而CRM的重點工作之一在於累積顧客的相關資料，所以與企業組織是否落實知識管理有一定程度的關係（吳淑貞，2001）。

第二節　知識管理的運用策略

　　知識管理是管理知識轉化資訊的過程（馬曉雲，2000），知識管理系統不一定需要運用資訊技術，依據本身資訊文化的特色，企業組織可以考量採用人際式策略或科技式策略。知識管理的一個重要特色是組織中要能將知識儲存、標準化及建檔，同時知識要能在組織內擴散出去，讓沒有經驗的人來接手時，只要參考各種有關的工作知識存檔，就可立即上

線。知識管理的策略可以以資訊科技為中心，例如將知識經過仔細分類編碼後，儲存在資料庫裡，透過檢索技術讓企業組織裡任何人都能很方便使用，這是「科技式策略」。另外有一些企業組織的知識存在於創造這些知識的人身上，主要是透過人際的直接接觸溝通來分享知識，資訊科技在這類企業組織最主要的功能是協助員工溝通知識，而非儲存知識，這是「人際式策略」（莊素玉等，2000）。

人際式策略完全未利用任何資訊技術或大部分還是以人工作業管理知識，側重將知識管理的概念納入策略、流程與組織成員之中，再藉由具效益的溝通方式、暢通的溝通管道以及激勵資訊共享的措施去實現知識管理，但有時也會利用資訊技術做輔助，例如藉助Office 2000執行有關於知識的收集、整理與傳播的工作：將情報撰寫成資料、轉換成HTML文件及傳遞給需要的組織成員等等（馬曉雲，2000）。

缺乏資訊科技資源的企業組織建議採用人際式策略，亦即以總體策略、營運與管理流程以及成員與組織架構為依歸，採用透過人際的直接接觸溝通來分享知識，也就是用現有的資源與機制去協助員工溝通資訊，而非透過電腦系統去儲存資訊。人際式策略在營造一種氛圍與機制，藉由自發性的頻繁通訊與互動中去分享資訊與創意，以協助支持一個持續的學習過程，其方法眾多，像是藉由分析來了解組織內誰擁有什麼知識，再將相關人等放在同一個計劃，使他們都能隸屬於同一個溝通介面，以利共享知識（Cross and Parker, 2004）。

　　科技式策略強調利用網際網路與電腦技術，並導入知識管理平台或工具等所謂「科技解決方案」，亦即運用到一些科技工具與技術，包括從電子郵件、內部網路、資料挖礦，及資料倉儲等，用來做資料處理、報表、網路通訊、文件管理、搜尋與調閱、資料管理、電子出版、群組討論、工作流程與諮詢等功能。

　　對於已具資訊科技基礎的企業而言，可考慮採用科技式策略，例如Oracle公司在其Intranet上的設置資訊分享、資訊公告、電子郵件、文件管理、公司目錄、行事曆、工作流程管理及電子表單等應用項目。台灣Microsoft公司運用Web發展到整合應用的電子表單、數位儀表板及企業入口網站等幫助員工得到日常工作所需的資訊。Hewlett-Packard（HP）運用LotusNotes建立知識庫。

　　如果考慮加強運用科技式策略時，不論是要建立新的系統架構或是局部進行調整，應該檢視其資訊科技架構與管理，並請相關人員就其需求提出觀點，也可考慮尋求外部顧問的協助，接著才從事執行、評估與改進。「科技式策略」不見得就比「人際式策略」優越，因為太相信或太強調科技容易沉迷在純為證明其有科技能耐的競賽當中，忽略了知識的產生與擴散的循環生命週期是必須透過傳播，而傳播的發送端和接收端如果是「機器」涉入比「人」多的話，會引發嚴重的問題[1]，所

---

[1] 這方面的討論可以在諸多著作中看到，例如：R. Williams/馮建三譯，
　電視：科技與文化形式，遠流，1992；沈清松，資訊科技哲學省思，哲
　學雜誌 18 (1996)，頁134-154；F. Webster/馮建三譯，資訊社會理論，

以建議企業基本上可先從「人際式策略」角度切入，先以資源投入不多的方式切入。而且「人際式策略」不一定就完全不用科技，不一定是technology-independent，還是可以透過一些基礎的資訊科技架構從事知識管理的設計，例如利用網路或是群組軟體讓員工加入社群。

　　如前所述，CRM是一個循環的知識管理流程，因此CRM的實現方式和知識管理雷同，也可以用「人際式策略」或「科技式策略」（詳參第5章第一節）。

第三節　知識管理服務範疇與CRM

　　依據丁惠民（2001）的整理，知識管理包含基礎服務（infrastructure services）、核心服務（core services）以及套裝服務（packaged services），其服務細項與所能運用工具如下表4-1，其中CRM屬於套裝服務的範疇。

遠流，1999；J. S. Brown & P. Duguid/顧淑馨譯，資訊革命了什麼？，先覺，2001；A. L. Shapiro/劉靜怡譯，控制權革命：新興科技對我們的最大衝擊，臉譜，2001。

表4-1　知識管理的服務與其所提供的主要服務

服務細項		意義	工具
基礎服務	溝通與合作	透過相關工具，促進使用者間的電子化溝通，讓群體進行溝通	電子郵件、檔案轉換、留言板、線上會議、共享白板、討論群組，以及目錄服務、群組軟體等
	轉譯	將知識由一種檔案格式轉換成另一種檔案格式，或是從一種語言轉換為另一種語言	
	工作流程管理	工作流程管理服務是建立在合作服務的基礎上，它主要定義工作流程，並支援線上執行及控制工作流程	
	內部及外部網路	內部網路是限制在特定組織內的網路基礎應用，而外部網路則是提供組織之間的內容存取及服務，並連結多個組織	
	智慧型代理	依使用者需求提供資訊，而且還能依據事前擬定的環境情境，主動的進行決策。它們也可在資訊被呈現給決策者之前，先進行一些資訊彙整與分析的工作	智慧型代理服務軟體元件
核心服務	知識生產	能將知識轉換為可以儲存在知識庫的格式，而知識生產者利用這種工具來協助精煉與創造新知識，以便順利輸入知識庫藏中	自動化學習功能以及資料挖礦技術與圖形辨認
	知識擷取		Interscape.com就是一種以合作方式創造文件資料的商業應用工具
	知識組織	是一種協助知識管理者系統化安置知識庫中的各項知識，以便利未來提取使用的知識管理服務	索引、分類，以及目錄功能

核心服務	取得管理	是一種管制取得知識庫藏內容資格的管理工具，他們通常依據一份使用職級規範的清單，控制每一位使用者能夠使用知識庫藏的程度	
	使用與提取	是一種提供搜尋、導覽、轉譯、視覺呈現，以及整合等功能的知識管理服務工具。它們能讓組織知識被便利的提取，以滿足流程工作上的需求，進而創造價值，同時這些工具還能提供許多個人化及相關週邊的服務	
套裝服務	CRM	以整合的方式提供有關企業客戶的資訊，並讓企業內部運用共同的管道與共同的知識庫藏來分享及創造顧客服務的附加價值	
	企業智慧	是一種關係競爭者、合作夥伴、產業分析等外部環境的知識管理服務，它們通常將外部的新聞、公共及私人資料庫、經濟及社會訊息，以及網際網路資訊等，以一個共同的介面加以整合，同時也會過濾訊息並進行分類，以便利企業對於外部專業的資訊的吸收與分析	
	企業資訊入口網站	是一種有助於內部與外部知識資源取得與分享的特定門戶閘道	

資料來源：Housel and Bell, 2001；丁惠民，2001

　　知識管理系統的導入方式有多種，但通常包括下列步驟（圖4-3）：（勤業管理顧問公司/劉京偉譯，2000）

- 認知並引發實踐知識管理的動機
- 擬定合宜的策略

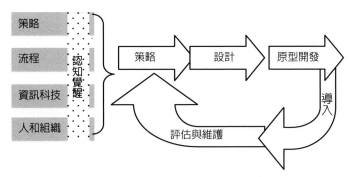

圖4-3 知識管理系統的導入步驟圖

資料來源：勤業管理顧問公司/劉京偉譯，2000

- 設計
- 原型開發與測試
- 導入
- 評估與維護

　　CRM就是在做知識管理，只不過重心是擺在與顧客有關的知識，所以CRM導入步驟、策略考量點均與知識管理雷同的考量（詳參第8章第二節）。

　　圖書館讀者服務的CRM若能搭配行銷策略規劃的執行與知識管理，不但能改善讀者服務整體的服務流程，進而提供完整的服務，也不會因為個別館員的離職或調動而影響服務品質；同時也可以建立起優良的組織文化，感染館員願意提供顧客服務並持續性的學習，以不斷觀察讀者的需要，並不斷改善服務。

第 5 章

資訊科技與CRM

第一節　CRM使用資訊技術的程度

　　CRM的概念存在已久，早期的做法是透過人與人之間自然的互動，輔以頭腦的記憶與記事本，但這種方法在顧客群不集中，顧客數量也不小的企業組織中不易奏效。因此從1980年代初期便有所謂的「接觸管理」（Contact Management）（林懿貞，發表年不詳）。接觸管理主要是在彌補人腦與記事的不足，以較周密的方式去規範企業組織內資料之紀錄與處理的方式，例如業務人員必須取得並記錄公司的許多個人資料，例如職稱、電話、分機、電子郵件帳號等等，並分析這些人的角色與反應模式（黃聖峰，發表年不詳）。

　　1990年代則出現利用電話服務中心與支援資料分析的「顧客接觸」，其設計概念乃針對服務的意涵與顧客的要求研擬服務的標準與傳遞的方式，而服務的傳遞方式可藉由由員工、環境與顧客做進一步的CRM接觸（Burns, 1995）（概念請參考圖5-1）。

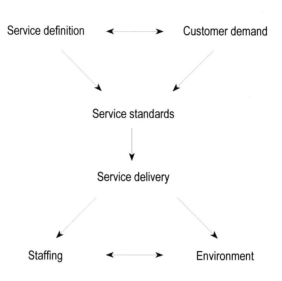

圖5-1　顧客接觸之設計概念圖

資料來源：Burns, 1995

　　同時，在資訊及網路技術的加持下，1990年代的CRM有更大的應用與發展空間，CRM的定義也更進一步延伸到運用資訊科技加以整合企劃、行銷與顧客服務，提供顧客量身訂做的服務，來提高顧客忠誠度以及企業營運效益（林懿貞，發表年不詳）。表5-1列出一些可支援CRM功能需求的資訊及網路技術的例子。

表5-1　CRM功能需求與資訊及網路技術支援一覽表

CRM功能需求	資訊及網路技術
資訊收集、儲存、分析	資料庫及資料倉儲的發明，對大量資料可作有效的分類及管理高密度儲存媒體的發明，使儲存單位成本更低且效能更穩定
多媒體資訊	多媒體資料庫
電腦業務、電話業務及傳真業務等服務作整合	CTI（Computer & Telephony Integration）技術的突破
隱性資料的萃取	統計學的發展Data Mining 技術的發展人工智慧的發展硬體及計算速度的提升
交易資料的隱蔽性	資料安全及加解密術的發展
資料（含顯性及隱性）的分享與再利用	資料庫的發展資料快速分享的平台

資料來源：寶來證券，2001

　　網路與資訊技術的成熟，意味CRM在廿一世紀可能將正式擅場：Peppers與Rongers在 2000年提出公司企業應運用資訊技術去進一步掌握顧客的資料，並減少以往傳統行銷手法導致成本過高之現象（Peppers and Rongers, 2000）；Greenberg則對網際網路於CRM可以有的新作法與新策略提出說明（Greenberg, 2001），藉之定義適當的市場區隔，將顧客的意見融入並研發配合的產品與服務，建立一結合供應商、經銷商、合作夥伴與顧客的架構以維持企業組織的營運，並促成以經驗為基礎且具高敏銳度的行銷理念（McKenna, 1991）。

　　依據其使用資訊技術的程度，CRM可以分下列四個層次：（Stefanou et al., 2003）

一、第一級層次

完全未利用任何資訊技術，側重將CRM的概念納入組織結構與業務流程之中，再藉行銷策略實現CRM。

二、第二級層次

CRM大部分還是以人工作業，但會利用資訊技術做輔助（Wells et al., 1999），例如藉助運算工作表（spreadsheet）、資料庫與統計工具做資料的收集、整理與分析，亦即e-CRM雛型概念出現期。

三、第三級層次

CRM是自動化作業，強調利用網際網路、電信與電腦整合技術和顧客互動（Chattopadhyay, 2001），例如結合一些硬軟體像是電話中心（Call Center）、電腦電話整合（Computer Telephony Integration）、網路客服中心（Web-enabled Call Center）、智慧型語音導引系統（Intelligent Call Routing）、網路IVR（Interactive Voice Response）技術以及虛擬客服中心，亦即e-CRM正式出現。

四、第四級層次

CRM邁入整合階段（integrated CRM，簡稱i-CRM），提供個人化服務以達到更高品質的顧客滿意度，因此會運用成熟

的CRM系統去處理前端、後端以及網際網路上的相關業務。
i-CRM系統可以提供顧客需要的功能並監測顧客的喜好,所以
會用資料挖礦、資料過濾與推理規則做資料分析(Bradshaw
and Brash, 2001)。i-CRM可以真正做到知識管理,也就是可
以將收集分析而來的與顧客有關的知識,藉由網路決策系統
軟體幫助管理人下決策(Stefanou, 2001),i-CRM是最成熟的
e-CRM。

第一和第二級層次偏重的是「人際式策略」,第三和第
四級層次則是「科技式策略」。這四個層次的陸續出現,是
跟著資訊技術與網際網路的發展與時並進(圖5-2):由1970

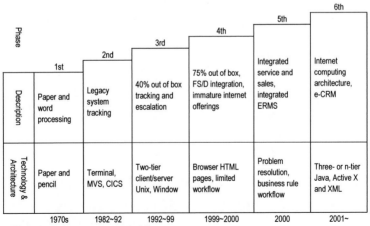

ERMS: e-mail response management solution
FS/D: Field service/dispatch

圖5-2 顧客服務技術的演進

資料來源:GartnerGroup, http://www3.gartner.com/Init;黃瑩芳,2001。

年代的以紙筆，到1980年代的電腦終端機、MVS作業系統及
顧客資訊控制系統（CICS），再到1990年代的主從式架構、
視窗系統、瀏覽器、HTML網頁、電子郵件，時至今日則以網
際網路為基礎架構，運用三層式架構、Java、Active-X與XML
（黃瑩芳，2001）。

第二節　CRM運用的範疇與技術

　　CRM運用的範疇分為以下三部分：（蘇守謙，2001）

一、互動前：前端溝通（Communicational CRM）

　　指的是和顧客溝通接觸的部分（圖5-3），包括提供行銷
人員之系統（如Call Center、CTI-Based Call Center、Internet
Call center），前端應用系統可以利用與顧客之直接接觸進行
當下之顧客關係管理。Call Center由早期的電話系統，發展成
自動話務分配系統（ACD）及自動語音查詢系統（IVR）所取
代，再進化為電腦電話整合系統（CTI）。CTI可以將顧客撥
進來的電話經由自動話務分配系統轉接至語音查詢系統，也會
將顧客資料及欲查詢的問題，呈現在值機人員的電腦上。同時
螢幕亦會呈現顧客消費特性，查詢項目所設計的用語，讓值機
人員可以很迅速的解決顧客的問題。不過因建置此系統所需費
用較高，通常非一般中小型企業所能支付，所以目前CTI於台

Call Center
CTI
Internet Call center
互動前：前端溝通

任務分派與控管

互動中：核心運作

圖5-3　CRM的核心運作

灣仍只有少數的業者採用，網際網路普及之後，Internet Call Center透過Web的環境介面可直接提供消費者各種互動型態，包括語音交談、文字交談、電話回覆、語音留言、電子郵件及網頁互動等，Internet Call Center正蓄勢待發，預測將成為未來的主流（欒斌、羅凱揚，2002）。

二、互動中：核心運作（Operational CRM）

　　這部分指的是依照不同企業組織不同質性而設計的各模組，可以結合ERP將透過前端溝通系統來做任務的分派與控管，以確認顧客的要求以分發至適當的內部作業流程當中做適切的處理（圖5-3）。

三、互動後：後端分析（Analytical CRM）

　　CRM核心運作後，更重要的是必須針對交易、活動等資料加以儲存、分析與應用，以便進一步了解顧客的消費活

動、購買行為、偏好及期望等，藉之做為持續改善前端溝通及
核心運作的效益（圖5-4）。

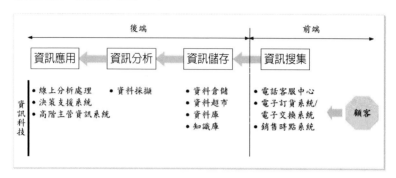

圖5-4　前端應用系統以及後端應用系統

資料來源：欒斌、羅凱揚，2005

　　後端分析的資訊技術包含常見的資料庫、知識庫技術以
及下列技術：

一、資料倉儲

　　資料倉儲乃是從多方面的資料庫當中做擷取、轉換和彙
整的工作（圖5-5）。

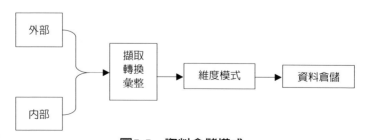

圖5-5　資料倉儲模式

資料來源：徐茂練，2005

　　資料倉儲可以讓企業中的經營決策層快速地根據資訊及市場反應及時找到所要的顧客群、推出適當的產品組合、提供動態顧客資料（Profiling）分析的角度，預設好一些指標（Indicator），及設定作業層面的指標分析，提供做為進一步互動式的分析（周宏明，2002）。

二、資料超市

　　資料超市所涵蓋的範圍比資料倉儲小，僅存放部分的企業資料，可以看成是資料倉儲的一個子集，一般僅提供部分資訊，給某一群使用者或某一部門使用，以符合企業內部的特殊需求。由於資料涵蓋的範圍小，可讓決策支援的效率大大提高，也可以幫助企業組織很快的推動第一個資料倉儲的實施計劃；因此資料超市通常是資料倉儲的先導計劃（BITECH，發表年不詳）。

三、資料挖礦

　　資料挖礦是指在資料中挖掘有代表性的規則以供決策參考之用的工具，資料挖礦的技術可分為自動化或半自動化的方法：（資料挖礦研究中心，發表年不詳）

　　自動化法係以事先定義妥善的數學或統計模型或是電腦演算法，來求得預先定義的特徵（pattern）、趨勢（trend）、分類（Classification）、叢集（Clustering）、相關性（relationship）等資訊，此法最大的優點就是在挖掘資訊的過

程中可做到完全的自動化，但其最大的缺點也正是因自動化而導致的彈性（flexibility）問題，因所有欲挖掘的資訊都必須要有一已事先定義的模式（model）或特徵（pattern）存在，若是碰到了未定義的特殊模式或特徵時，則可能就會失去了挖掘到有用資訊的機會。半自動化的資料挖礦方法主要指視覺化資料挖礦（visual data mining），此法利用人類特有的思考創造力、彈性特徵辨識能力、以及對複雜圖形的快速認知能力，來彌補電腦演算法的不具彈性，將大量、多維的資料以圖形化方式呈現，將資料中隱含之資訊以視覺特徵（visual pattern）呈現，利用人類與生俱來的快速視覺特徵辨識能力，快速萃取資料中有用的資訊。視覺化資料挖礦結合了人的視覺、認知、創造性思考解決問題的能力，與電腦強大的資料儲存與數值運算能力，形成一個強而有力的資訊吸收環境。

資料挖礦的軟體尚包含智慧代理人與資料視覺化。智慧型代理人是一種程式，可依照個人與需求的不同，自動且持續去執行被分派工作（Franklin and Graesser, 1996）。資料視覺化是可將匯入的資料視覺化並整合在示意圖中的應用程式（徐茂練，2005）。

四、線上分析處理

線上分析處理（On-Line Analytical Processing，以下簡稱OLAP）的核心為多元資料模型。這種模型最典型也是最優良的視覺呈現方法，就是利用資料方塊（data cube）的形式讓資

料得以形成模型，並從多元層次來檢視。一般而言，各種方塊都以兩項性質來定義：衡量結果與標準。以圖5-6為例，資料是以立方（Cube）（圖5-6）來表示，其中主要包含了以下二個項目：敘述性項目，如時間、地點、產品、部門等的維度（Dimension）；計量化的項目，如銷售數量、存貨量、銷售收入等的量度（Measure）。因其使用進階計算，它比資料庫技術更快且更有效率（CRM與OLAP，2002）。

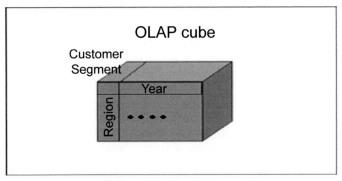

圖5-6：OLAP方塊的三面

資料來源：關係行銷文獻集，2005

綜合運用上述技術即可形成一包括下列服務的後端應用系統：（周宏明，2002）

- 提供資料倉儲、規劃、建置服務
- 提供以顧客為中心的資料倉儲與商業智慧的模型
- 提供完整的平台架構，包含資料倉儲工具報表與OLAP及資料挖礦工具
- 提供已定義的資料類型（Data Model）

　　進階的後端應用系統可以從事顧客管理、顧客與帳戶行為分析、歸戶與帳戶族群分析、市場行銷分析管理、業務人員分析管理、交易行為分析管理、利潤分析管理、產品分析管理、風險控管分析、顧客的維持與獎賞分析管理、顧客的帳戶分析管理、網頁瀏覽分析、顧客網頁瀏覽行為、顧客連線行為分析，以及相關網路黏度分析等等（周宏明，2002）。

第三節　e-CRM產品

　　就其所利用的技術設計與層次的不同，目前已有不同的e-CRM產品。若以功能的重心來看，e-CRM 產品可以分成三類（參圖5-7）：（Schwede, 2000；洪登貴，2004）

一、作業型CRM（Operational CRM）

　　作業型CRM主要是指CRM運用的範疇的核心運作，透過作業流程的制定與管理，藉由資訊技術讓企業在進行銷售、行銷和服務的時候，得以最佳方法取得最佳效果。

二、分析型CRM（Analytical CRM）

　　分析型CRM是指CRM運用的範疇的後端分析，只要在整理、匯總、勾稽、轉換從不同管道收集各種與顧客接觸的資料，再透過報表系統、OLAP及資料挖礦等技術，幫助企業全

面的了解顧客並協助高階主管作商業決策。分析性軟體的運用
能使提供的服務更符合顧客需求,也能有效協助企業尋找出
關鍵顧客,並藉由交叉分析以及主動促銷來提昇顧客的價值
(黃瑩芳,2001)。

三、協同型CRM(Collaborative CRM)

協同型CRM是指CRM運用的範疇的前端溝通,乃是企業
與其顧客接觸與互動的機制,用來建立企業與其顧客間超越交
易的長期夥伴關係,所以重點在整合企業與顧客接觸、互動的
管道,包含客服中心(Call Center)、網站、電子郵件、出版
品、社群機制、視訊會議等,其目標是提升企業與顧客的溝通
能力,同時強化服務時效與品質。

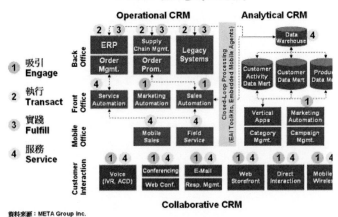

圖5-7 三種CRM系統

資料來源:META Group Inc.

目前市面的e-CRM產品通常會涵蓋一、兩種類型，而一些國外大廠（Siebel、SAP、Oracle、Peoplesoft…等）的產品則會涵蓋這三種類型的所有功能，也就是i-CRM，但是由於其產品及服務的價格高昂，一般中小企業比較難以負擔（洪登貴，2004）。

以下就已開發上市的一些實際具體e-CRM產品做介紹，以利對於e-CRM有較具體的了解。

一、Amdocs的ClarifyCRM

Amdocs（http://www.amdocs.com）公司的ClarifyCRM之API介面利用程式內建事件檢測器（event adapter monitors）監控資料庫的客服資訊流向，採用MS SQL或Oracle資料庫系統儲存最新的客服資訊。這些資料可用XML格式文件轉存於其它網頁概念式的主機（Weblogic server）做更進一步的資訊處理、轉存或打散再利用（參圖5-8）。

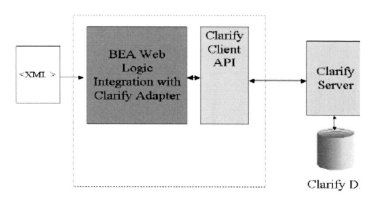

圖5-8　WebLogic Server 服務架構圖

資料來源：iWay Software,2003

二、BroadVision

　　BroadVision的解決方案主要是植基於一對一的概念，發展內嵌式套裝電子商務軟體架構，幫助企業根據個人化條件，自動產出網頁內容，將此符合顧客的內容傳遞給他們。其解決方案的三大特點為：採用開放式標準及模組化的核心技術，加上外部關聯性資料庫（External databases），讓網站內容管理者、技術人員及業務人員透過一對一工具，隨時動態修改、管理、開發網站內容及應用架構，以便進行交易、服務及互動的電子商務行為，每個企業員工或是供應商，也可以透過簡單的操作介面，查詢相關的訊息（黃瑩芳，2001）。

三、COLT的ISCs

　　COLT公司（http: //www.colt.net）之ISCs（Internet Solution Centres）系統是歐洲地區提供跨國服務之整合型顧客管理系統，橫跨歐洲13個國家之完整光纖網路架構，並建立11個主要中心站（hosting centres）提供客戶選擇，提供的功能包含：

- 建立round-the-clock永不停歇的線上技術支援
- 建立與CATV連結之7*24安全存取控管機制
- 增建設備以利技術會議與研討會使用
- 免費提供複雜的web-based 內部管理機制，可讓內部資源自動導回商業系統模型內
- 整合客戶資料及檔案管理機制

四、Oracle CRM

　　Oracle CRM 模組（如圖5-9）區分成主要模塊，每個主要模塊有可以細分成許多的模組，由下到上主要的模塊有E-Business Platform、E-Business Foundation、Interaction Channel、CRM Foundation、Business Application、Analytical Application，其功能繁複（林俊文，發表年不詳）。

Oracle CRM Suite

Analytical Apps	Business Intelligence			
Business Apps	Marketing	Sales	Contracts	Service
CRM Foundation	CRM Foundation			
Interaction Channels	Call Center	Web	Mobile WAP	E-Mail
E-Business Foundation	Common Application Architecture and Schema			
E-Business Platform	E-Business Platform			

圖5-9　Oracle CRM Suite

資料來源：林俊文，發表年不詳

五、Siebel的CRM OnDemand

　　Siebel Systems提供電子商業整合應用軟體的客服中心（Call Center）廠商，整合領域包括電子銷售、電子行銷及電子服務。電子行銷應用提供個人化銷售訊息及服務訊息，在

電子銷售應用則製作便於顧客搜尋、選擇或購物的網頁,而電子服務應用則提供自助式服務及整合運用網路合作(Web collaboration)技術像是「call me now」等(參圖5-10)。另外,Siebel Systems已經開發出可以將客戶資料的存取延伸到掌上裝置和行動電話的科技(黃瑩芳,2001)。

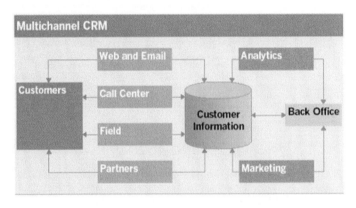

圖5-10　Siebel產品架構概念圖

資料來源:http://www.siebel.com/smb/software-solutions.shtm

六、功典資訊的WebMAXTM

功典資訊 之WebMAXTM系統(參圖5-11)可將資料庫依屬性分群,每次活動篩選合適族群進行向上銷售(up-sell)、交叉銷售(cross-sell),並可透過一對一電子郵件做行銷,進行活動告知,並希望透過導入互動式資料庫行銷系統,以有效彙整不同來源的顧客資料。

WebMAX^{TM}--完整系統架構

圖5-11　WebMAXTM

資料來源：http: //www.migosoft.com/

七、碩昱的CRM系統

　　碩昱的CRM系統包括：「CTI平台系統」、「Inbound
服務系統」、「Outbound電話行銷系統」、「Web網路服務
系統」、「Marketing Automation行銷活動自動化系統」、
「SFA銷售自動化系統」、「Data Mining資料挖礦系統」及
「KM檔案管理系統」等，企圖整合企業的e化商業流程從
後端的Data Mining（資料挖礦）、行銷自動化（Marketing
Automation）、到前端的銷售自動化（Sales Automation）、服
務自動化（Service Automation）（圖5-12）。

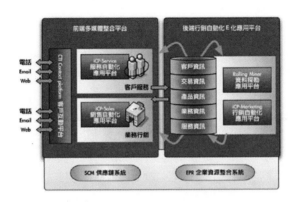

圖5-12 碩昱之CRM系統

資料來源：http://www.esunergy.com/solutions/index.htm

第四節 理想e-CRM產品

GartnerGroup（http: //www3.gartner.com/Init）認為一套
e-CRM系統應包括電子商務賣方平台（e-commerce sell-side
platform）、e-CRM溝通基礎架構（e-CRM communications
infrastructure）及CRM應用（CRM applications）。
GartnerGroup勾勒的理想e-CRM產品如圖5-13所示，這套系統
應該是雙向且多重管道的，企業可以運用其所內含的分析工具
去瞭解顧客過去歷史、現況、未來潛力，再根據這些資訊，利
用多元溝通管道傳遞符合顧客需求的個人化訊息，而且應用面
可以包括個人化電子郵件、通路管理、訂購、自助式服務及退
貨等等，並與企業內部系統如ERP整合（黃瑩芳，2001）。

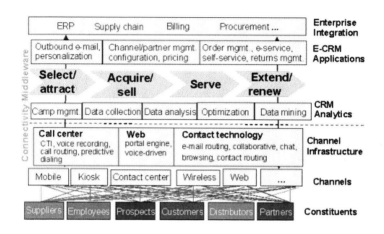

圖5-13　理想的e-CRM產品

資料來源：GartnerGroup

　　在選擇並建置CRM產品時，其功能強不強大不是重點，應該考慮的是其功能是否符合組織機構現階段的需求，同時又要能具備親和性、穩定性及擴充性三大要件，並衡量初始建置成本、軟硬體成本、培訓、安裝及維護、客製化、升級擴充、系統整合及系統失敗等成本（廖志德，發表年不詳）。

第 6 章

應用CRM於圖書館讀者服務

第一節　讀者服務

　　讀者服務的定義，可分為廣義與狹義二者。狹義者採傳統的圖書館業務分組的觀點，將現代圖書館的工作任務，除行政管理相關業務外，分為二大部門：即讀者服務與技術服務。其中讀者服務乃指：「以讀者為對象，以館藏書刊資料為手段，以藏書使用為中心，通過外借、閱覽、複印、宣傳、閱讀輔導以及參考諮詢等方式而開展的服務工作」（張白影等，1990）。由此衍生而出的任務組別一般有：流通閱覽組、推廣組、參考服務組（參考諮詢組），以及以流通任務為主的各分館。技術服務，係指透過採訪、交換或贈送等方式蒐集符合館藏目標之各類型資源，利用標準工具將其書目資料編製工具，以期讀者得利用此書目工具快速並完整的尋得所需資訊。

　　廣義者的看法認為，現代圖書館業務，無論是對外的讀者服務亦或是內部的技術服務，皆是以讀者需求為中心去經理採訪、編目及典藏，提供閱覽、流通與利用指導等業務。因此，圖書館的技術服務部門亦可視為讀者服務工作的一環，應視為讀者服務的基本工作，是為廣義的讀者服務。

　　本書所欲探討之讀者服務，係指狹義者為界，以閱覽流通服務、參考服務、行銷推廣及館際合作為討論範圍。

一、閱覽流通服務

　　處理圖書館圖書暨各類型館藏資料之借出、借入，以及館內使用之相關業務，同時應付管理讀者資料記錄之任務並負責維護其正確性，此外並應執行各類型借閱暨使用記錄之統計業務。目前圖書館閱覽流通服務亦包含了傳統之典藏業務，亦即需執行各類型資源之典藏管理相關工作。

二、參考服務

　　參考服務，其工作內容在於了解讀者需求，以建置與維護適當的參考館藏，隨時解答讀者的疑惑，仲介其選擇利用適當的工具並藉此尋得館內外的資訊；同時具備評估資訊可用性之能力。此專有名詞於使用時亦常見「參考諮詢服務」一詞，其較參考服務更為強調館員與讀者的溝通與互動，因之使得館員的「溝通能力」在各項應備知識與技能中的重要性愈加突顯。

　　參考諮詢的延伸是為資訊利用指導與訓練，目前常由課堂活動轉為讓讀者自遠端連線進行。線上指導課程（online tutorials）將以網際網路為媒介發展基礎，供讀者藉此學習資源利用暨主題研究的方法（Reeves et al., 2003）。

　　除了參考諮詢外，針對讀者個人化閱讀需求而提供的讀者諮詢顧問服務（readers advisory service）也是服務工作的重點。館員藉由晤談引導讀者找到所需的資源，例如：針對公共圖書館讀者提供小說類的閱讀建議；館員的工作著重在解決讀者的困難而非問題（陳書梅，2001）。

三、行銷推廣

　　行銷推廣旨在讓各界讀者知悉了解圖書館各項服務，圖書館利用教育為其中重點要項之實現方式。圖書館利用教育係指圖書館對服務讀者提供重要指引與服務，使讀者認識圖書館內外各項資源與服務，並學習資訊取得的能力，以期讀者能具備自我教育與終身學習的基礎技能。

四、館際合作

　　兩所以上的圖書館基於公平互惠的原則，彼此分享館藏資源或共同執行圖書館相關業務，例如：館際互借、館際複印、共同採購、聯合參考服務…等。通常接受此種合作關係的圖書館會共同組成一合作聯盟或簽訂合作協約，例如：中華民國圖書館合作協會。

　　總括來說，讀者服務是依託圖書館中的期刊文獻、電子資訊資源、工作人員、各種設備設施等所有人事物的資源為讀者提供服務的工作，是館藏發展、技術服務等各項館務工作的價值呈現。服務的工作內容因服務對象、任務的不同有所差異，大致上工作包括有閱覽流通服務、參考諮詢服務、行銷推廣、圖書館利用教育等項目。

第二節　數位環境下的讀者服務

　　在人類文明進展中，科學技術一直扮演著促進人類文明大變遷的重要角色。廿世紀發生的一件大事就是網際網路的出現與普及。資訊的呈現方式與傳播速度已和過去截然不同，最起碼的改變就是資訊的存取愈趨於便捷。科技決定論主張「科技」乃是一具獨立性並不接受人類干預的力量，是社會變遷之源，「科技」乃在決定性的位置，社會只能被動地且無抵禦能力地接受科技所引致的變遷（Winner, 1977），若以此觀點來看，圖書館的機制從1960年代的打孔卡、終端機，進展到目前數位科技的浪潮中，是受科技影響而自然演進的方向（表6-1）。

　　但是海德格認為把「科技」視為中立（neutral）是不當的（Heidegger, 1977），也有一些學者認為人類的推進力不是科技單力所為，而是與整個環境相關的所有因果關係所造成

（Slack, 1984）。相對來說，這個看法比較圓融，因為圖書館邁向數位化的原因錯綜複雜，「科技」只是其中一股力量，另外也包含其他因素：出版品爆炸、書刊經費提高、圖書館經費削減及讀者使用習慣的改變等等（王梅玲，2000）。

表6-1　1960-2010年資訊傳播應用於圖書館之發展

資訊與傳播技術應用在圖書館事業				
資訊年代	1960-1970 傳播年代 Communication Technology	1970-1980 電腦時代 Computer Application	1980-1990 資訊時代 IT Application	1990-2000 網路時代 Internet	2000-2010 網站時代 Website & Internet II
資訊傳播應用發展	■ 打孔卡 ■ 終端機	■ 共用書目中心 ■ 圖書館自動化業系統	■ 各類型資料庫發展及運用	■ 電子出版 ■ 電子典藏 ■ 多媒體發展 ■ 數位圖書館	■ 個人化圖書館 ■ 行動化圖書館

資料來源：改編自顧敏，1998

　　目前圖書館事業的潮流是數位圖書館、個人化圖書館與行動化圖書館，可以利用相關技術將圖書館之資料予以電子化，再以有系統的方式加以儲存、蒐集、整理，並透過網際網路使其便利讀者隨時取用；並且讓使用者導向（user-oriented）或讀者驅動（user-driven）的服務模式得以實現，帶來廣泛的可存取性以及高度資源共享的可行性（汪冰，1997；林明宏，2001）。

以下就各項讀者服務在數位化環境中的改變及影響加以論述。

一、閱覽流通服務

閱覽流通部門是圖書館最早出現自動化的部門，圖書館處理讀者借閱資料的效率大為提升，工作人員的勞動強度也大為降低，節省了不少作業時間；然在數位化環境裡由於館藏資料部份已數位化及網路化，使用者可隨時透過網路自由取用合法之資訊，擷取資訊的同時更可透過系統立即複印與傳輸，無需借閱處理過程。

二、參考諮詢服務

參考館員獲取資訊的方式、資訊的廣度及深度、參考問題甚至於服務方式都因網路環境和資訊技術的應用有了許多改變。一方面館員必須熟悉電子參考資源以因應改變（卓玉聰等，1999）；另一方面，由於資訊技術的發展，讀者們可自行透過各種資訊技術檢索與取得圖書館中的各種電子資源，甚至透過「立即對談式參考服務」（live chat reference）（Hoag and Cichanowicz, 2001; Flagg, 2001）或「虛擬社群」在線上和館員甚至讀者之間進行對談，不需到實體圖書館，即可透過網路和館員同時進行電子溝通（electronic communication）。另外，數位圖書館環境下出現一些新型態參考服務，如：「虛擬參考服務」（virtual reference）、「線上參考服務」（online reference）

與「電子參考服務」（e-reference）（Moyo, 2002；Young and Diaz, 1999），從這些新名稱來看不難發現參考諮詢服務的發展趨勢為線上對談式，也就是強調和「顧客」立即溝通。

三、行銷推廣

　　從前的圖書館多半是「被動的」等待著顧客們的光臨，但「組織和顧客間相互關係的程度，是成功的主要關鍵。組織和顧客間的關係愈緊密，成功之路將更愈能簡單到達（何淑熏、黃志仁，2000）。」從這點可知，行銷可從加深和「顧客」間的關係下手，也因此現今圖書館必須以更加主動積極的方式將圖書館大力推銷出去。而在數位化環境下的推銷方式，透過媒體，圖書館更可以融合推銷（push strategy）與拉銷（pull strategy），甚至CRM行銷三種策略混合利用。

四、圖書館利用教育

　　由於個人或團體甚至企業在利用資訊科技和通訊技術上的差異，使得資訊取得能力與機會不同，產生了「Information Rich」和「Information Poor」的情形，形成了數位落差。圖書館一直以來以社會教育者的身分自居，應當負起「教育」及公平提供資訊的責任。幸而在數位環境之下圖書館可和數位學習技術結合，提供合乎「顧客」需求的數位學習的機制，讓圖書館的顧客隨時隨地處於學習的環境，甚至可依個人需求和進度設計學習的內容（黃貝玲，2001）。

綜合言之，現在的讀者服務，已處於未來時代的開端。未來的讀者服務將轉向著重各類型資源的指導服務，以及個人化的利用指導（Han and Goulding, 2003）。數位化環境下的圖書館讀者服務特性是超越時空，並且強調個人化、即時與積極互動的特性。在數位化時代裡，圖書館成為一資訊通道（gateway），是讀者與資訊間的橋樑，同時必須兼具資訊與教育的功能，而身為數位化時代的圖書館館員則是要具備為讀者找尋、評估並篩選出有價值的資訊的能力。

第三節　圖書館讀者服務品質

進入本節的主題之前，先就各專家學者對「服務」的定義之不同說法作探討以利於了解其意涵（表6-2）。

表6-2　服務之相關定義

業界或學者	年代	定義說法
林建煌	2002	服務是由提供服務的一方借助人或機器的力量，來施加於接受服務的另一方或其所有物體的過程，這些過程包含一些非實體的行動、表現與努力
Kotler／方世榮譯	2000	服務是一方提供給另一方的任何活動或行為，這種行為是無形的，與所有權無關，而且也不一定與實體物品發生關聯
翁崇雄	1995	有代價地為他人提供對方所需的行為

| Grönroos | 1990 | 一個或一連串的活動，且其本質上多少都具有無形性，一般是發生在顧客與提供服務的服務人員、實體資源、產品或系統的互動中，而服務的提供是為了了解及解決顧客的問題 |
| Lehtinen and Lehtinen | 1982 | 一個活動或一連串的活動，並透過與接觸人員或機器設備的互動，而提供給顧客並滿足顧客的活動 |

參考以上說法，本研究歸納「服務」的意義是有施方與受方，消極的服務是依據經驗法則或受方表意的需求去提供無形的勞務，積極的服務則會進一步推敲出受方未表意的需求以提升受方的利益與滿足感。

傳統的圖書館，以保存文化及提供資源為主要任務，如何蒐集質佳量多的館藏，妥為典藏以供讀者使用係圖書館的核心工作；在其時，館員的主要角色為資訊的保存者。隨著資訊的出版量快速成長暨資訊類型的多元化，圖書館的核心工作亦隨著時代與技術而有所改變。現代的圖書館已不再以產品為中心（即館藏之典藏展示），而是以讀者為中心（即各類型讀者服務）；館員不再只是扮演著資訊的保存者，更重要的角色是做為資訊與讀者的中介者。Ranganathan所提倡之圖書館五律，即明白的揭示了現代圖書館以服務為中心的精神（Ranganathan, 1963）。

Crawford和Gorman進一步提出「新圖書館五律」：（Crawford and Gorman, 1995）

■ 圖書館為全人類提供服務（Libraries serve humanity）

- 重視任何一種可傳遞知識的媒介（Respect all forms by which knowledge is communicated）
- 善加應用科技以提升服務品質（Use technology intelligently to enhance service）
- 確保知識管道的暢通（Protect free access to knowledge）
- 承先啟後再創新（Honor the past and create the future）

　　新律的內容反應出當今圖書館服務的新課題。知識媒介的多元化以及新技術的產生提醒著從業人員需因應時代的改變而採取新的思維與做法，以期能在新舊時代之間繼續為所有讀者擔任資訊中介者一職。

　　Kotler（Kotler, P./方世榮譯，2000）將服務組合的分類分為五種：單純的有形商品、附加服務的有形商品、等量的產品與服務、以服務為主附加額外的服務或商品及單純的服務。圖書館可以利用創意提供囊括上述五種組合，例如：提供報刊（單純的有形商品）、新書導讀（附加服務的有形商品）、資料庫（等量的產品與服務）等等。

　　Kotler說過：「每一種企業都是一個服務事業。」（Kotler, P./方世榮譯，2000）。依此邏輯我們可以說：「圖書館並不是一家提供圖書資源與服務的機構而已，而是一個服務事業體」。

　　若以人員基礎與設備基礎為構面來分類，在邁向數位化的過程中，圖書館均有往高處移動的現象（圖6-1）。在此趨

向，圖書館應認知讀者是最重要的，沒有讀者就沒圖書館；讀者是人不是統計數字；圖書館依賴讀者，讀者不必依賴圖書館；讀者沒有來叨擾圖書館，圖書館是去服務讀者；讀者的抱怨是圖書館的禮物。唯有如此，才能持續改善圖書館讀者服務品質。

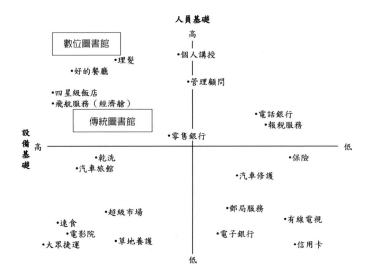

圖6-1 以人員基礎與設備基礎為構面的服務分類圖

資料來源：林建煌，2002

　　圖書館的讀者服務品質受到其本身能耐和讀者的要求的影響，服務的品質高低攸關讀者滿意度與忠誠度，而滿意度與忠誠度愈高就能獲取、維繫並留住愈多的讀者，愈能提升圖書館的影響力與形象地位（圖6-2）。

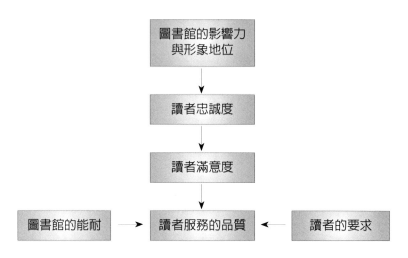

圖6-2 形成圖書館讀者服務品質的互動因子

資料來源：改編自Gur u, 2003, Figure 4

第四節　行銷與圖書館

　　依照企業界對於「顧客價值」的定義推演，「讀者價值」是指圖書館從讀者身上所獲得的無形的收益和圖書館為吸引及服務讀者的成本差距即是讀者價值，無形的收益可能是讀者的滿意度與忠誠度等。因此圖書館行銷的目的是：知道並了解顧客，使產品或服務符合所需，留住原有的讀者並增加其滿意與忠誠度以及開發新讀者。成功的行銷不但能幫助圖書館達成設立宗旨與使命，以短程、中程和長程來看，亦有如下的好處：

- 短程：讓圖書館的能見度增加
- 中程：讓圖書館專業人員有成就感
- 長程：提升社會文化水平

　　圖書館是一個非營利性的機構，是以「利他」為宗旨的機構。因為是非營利性，所以也是從事社會行銷的機構，在利用有形的圖書資源與無形的服務去行銷圖書館的理念，培養目標讀者的習性（圖6-3）。

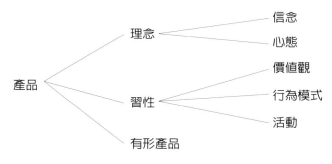

圖6-3　社會行銷

資料來源：Kotler and Roberto, 1995

　　圖書館服務的接觸受到諸多因素的影響。以某讀者甲至圖書館使用導覽服務來說，讀者甲會感受到解說館員的態度、儀容、表達能力、專業能力，會看到圖書館的實體環境，會瞥見其他館員與其他入館者使用其他服務的互動與溝通情形；讀者甲看不到的是圖書館的內部組織與支援作業及制度（圖6-4）。

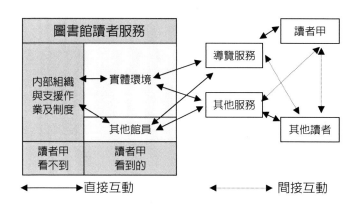

圖6-4 圖書館服務系統內的要素

資料來源：改編自Eiglier and Langeard, 1981; Kotler, P./方世榮譯，2000

　　圖書館的經費通常來自政府或母機構的編列以及社會的捐款。在目前經濟低迷的氛圍下，圖書館的經費幾乎是每況愈下，但是為了要吸引讀者前來利用自身的館藏與服務，國內各型圖書館莫不絞盡腦汁構思各式行銷推廣方案，大部分的圖書館也都了解讀者的需求是多元化的及多變化的，甚至有時是難以捉摸且難以取悅的。因此圖書館的行銷要做的好當然要有行銷研究。圖書館是非營利性的事業體，不可能如營利事業編列行銷研究的預算，只能退而求其次用較非正式的方法做行銷研究，例如：觀察週遭（如每天來館的人）、非正式的調查（如邀常來的兒童家長午餐會談）、簡單的實驗（如變換說故事時間與主題，看是否來者增加，相關書籍借出增多），以及多利用免費次級資料等等。

　　而圖書館的行銷研究必須研判行銷環境的趨向、分析內外環境的優缺點以及機會和威脅，再將研究結果應用於目標市場，進行市場分析與決定定位，並據此設計合宜的行銷組合。

　　圖書館行銷不只是推廣而已；若以4P行銷組合來論，尚有產品、通路和價格；若以7P來論，還要加上參與者、服務流程以及設施，去構思行銷活動與方案，去達成如圖6-5的洞悉需求、形象提升以及專業主動等等之目的與目標。

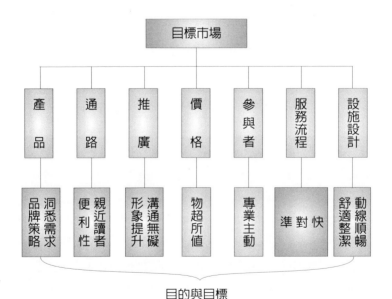

圖6-5 圖書館行銷及7P

圖書館也可以站在讀者的角度採用4C行銷組合,也就是側重在了解讀者需求,而不是先考慮圖書館所能典藏之產品幅度;了解讀者為滿足需要所願意付出的成本;追求讀者所期望的便利通路;通過互動與溝通等方式,將讀者和圖書館雙方的利益無形地整合在一起(圖6-6)。

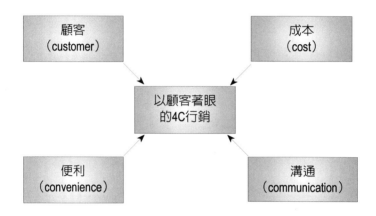

圖6-6 圖書館行銷及4C

此外,瑞・麥坎錫把顧客分為:(瑞・麥坎錫/張晉綸譯,2001)

- 消費群:是價格取向,追求最符合經濟效益的產品
- 中堅顧客:是產品取向,追求最符合需求的產品
- 老顧客:是需求取向,喜歡個人化的行銷
- 夥伴:是價值取向,追求合作與參與感

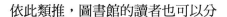

依此類推，圖書館的讀者也可以分

- 消費者：是希望以最符合經濟效益的方式獲取圖書資源與服務
- 中堅顧客：期望圖書館提供的是符合所需的圖書資源與服務
- 老顧客：期望圖書館跟她們作一對一的對談，能提供量身訂做的圖書資源與服務
- 夥伴：期望和圖書館合作，共同創造出新的圖書資源與服務

當然也可以年齡層來區分讀者顧客群：

- X世代：二十歲至二十九歲的年輕人
- Y世代：十歲至十九歲之間的現代社會的年青人
- G世代：29歲之後的中年人與老年人
- N世代：網路人口

　　因此圖書館可針對不同類讀者選擇多個市場區隔為目標，不同的目標應該有不同的行銷策略，行銷策略可以由圖書館啟動或由讀者啟動，可以是主動也可以是被動（圖6-7）。例如針對老顧客、中堅顧客或N世代可以做差異化行銷，也就是為每一個區隔的讀者設計不同的產品與行銷方案；針對消費群和G世代可以走傳統行銷的路線；貼心的一對一行銷比較適合老顧客與夥伴；針對Y世代與N世代可以盡量應用資訊技術

去行銷讀者服務，亦即資訊行銷。然後再依照不同的策略編列預算。

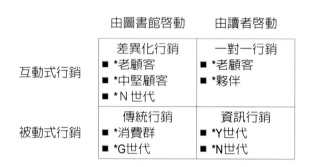

圖6-7　讀者群與行銷策略

綜上可知，為避免規劃有欠縝密，而造成資源浪費甚至效能不彰的問題，圖書館行銷策略的擬定可參照如圖6-8的步驟依序進行。

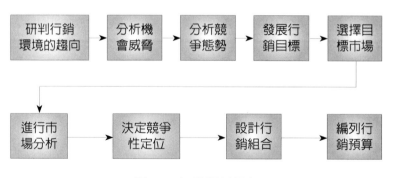

圖6-8　行銷規劃程序

　　圖書館是服務事業體，因此也必須留意Grönroos（1984）提出之服務行銷三大衝力：外部行銷、內部行銷與互動行銷。圖書館必須透過從館員內部開始訂定目標並凝聚共識（內部行銷），與讀者（顧客）面對面行銷（互動行銷），以及經由各種管道傳送有關圖書館所提供服務的訊息（外部行銷）（謝寶煖，1998），才能真正的實現圖書館所訂立的行銷目標與目的，其中內部行銷常被忽略。事實上，圖書館要做好行銷應先從內部行銷開始，也就是必須也把館員視為「內部顧客」，激勵員工並重視其管理，使他們具有更良好的服務意識，如此才能提供優質的讀者服務。

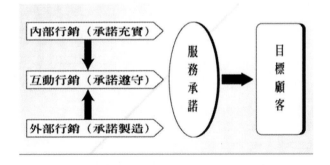

圖6-9　互動行銷與內容及外部行銷之關係

資料來源：喬友慶等，2000

　　圖書館最大的資產不是「圖書資源」，而是包括讀者和館員的「人」，所以圖書館必須將所有部門視為一個團隊，激

勵團隊的每一份子，塑造一個以客為尊的組織文化。圖書館館員也不能妄自菲薄，必須深切體認肩負提升圖書館地位與社會整體知識暨文化涵養的使命，所以不只需要增長自己的專業，更需要培養樂在工作的心情，因為有快樂的館員才會有滿意的讀者。

　　總之，在過去這一、二十年，資訊科技的快速發展，企業界體認到愈來愈多的顧客已經可以從網站上輕易地獲取各種充足的資訊，做為其消費決策的參考，所以她們的經營已逐漸走向「以顧客為導向」的新經營模式，強調為個別量身訂製的個人化（Personalized）及客製化（Customized）產品及服務，以滿足不同區隔市場在不同生命週期之不同需求。圖書館當然不能自外於這股潮流，更何況有些圖書館的讀者已經變成所謂的「Google教派」（趙嵐，2005），圖書館應跳脫提供假設需要的圖書資源與服務，而是應該要把讀者的想法加入來設計或改進館藏與服務。換句話說，今日的圖書館服務有其高度專業性及特殊性，要激發圖書館最大的能量，傾聽與溝通是最有效的管道，過度科技化、專業化以及組織口徑分歧，只會造成讀者和館員的各種混淆；行銷的步驟雖然繁瑣，但是圖書館只需掌握到說到做到、行動勝於空談與熱情等心法，就能提供品質持續改善的服務，進而提昇全面的品質及形象。

第五節　CRM與圖書館

在今日環境變動頻繁的時空下，擷取知識已成為企業創造機會、跟上時代的脈動以及獲取存在價值與競爭優勢的方法之一。而從圖書館事業的角度來看，其所創造並獲取價值的機會就是應爭取「受到廣大使用者的重視與依賴」，新時代下的「讀者服務」所為圖書館所帶來的衝擊與機會更是值得重視。因此辨認出與讀者有關的資訊，將之化為知識，並且確認這些知識被運用於讀者服務的內涵，藉之拉近與既有讀者的距離並提高其滿意度以及忠誠度並擴大圖書館的影響力與形象地位。

讀者服務是圖書館經營的外部關係的窗口，牽涉到「人」的問題與關係（廖又生，1996）。CRM重點也是在於「人」與「人」間之「關係」。電腦資訊軟體之應用僅為協助這種「關係」之管理與建立，「關係」之本身並不存在於資訊軟體之上，無論資訊軟體多麼發達，缺少了以「人」為主體之商務關係，絕對無法成為一個成功的商務模式（林豐智、黃焜煌，2004）。

圖書館可以藉由CRM之概念架構（Broady-Preston, 2006），也可以導入CRM系統之解決方案來改善服務品質以及與讀者的關係。

目前圖書館的管理流程與系統，就如同企業界的ERP，其管理與自動化方式重視的多是在服務本身的服務流程和管理自動化。雖然圖書館對於「以人為本」的服務理念早已行之有年，從專為「個人」所提供的專題選粹服務到近年的「個人圖書資訊服務」都是，例如交大的「MyLibrary」（http://mylibrary.e-lib.nctu.edu.tw/）、美國Virginia Commonwealth Unversity的「My service services」（Ghaphery et al., 2001），讓讀者可依個人的資訊尋求方式與需求自行設定所需的圖書資訊服務，包括個人化OPAC、期刊目次服務、專題資訊選粹、文件傳遞等。但是在這個理念下所衍生出的服務不一定是架構於CRM的概念和系統之上所實行的，但根本特質和CRM卻也有相合之處，因為CRM可以讀者的年齡、學歷、職業、地區、族群等因素來歸類屬性，並配合屬性進行行銷推廣之規劃。

圖書館界更是因新興的資訊服務管道大量增加，造成替代品的出現以及必須為求生存而激烈競爭的情形；加上網路的普及與發達，讀者吸取知識的速度加快，這種種的環境變化，在在都威脅著圖書館的地位，因此加強與顧客間的關係勢在必行。為了鞏固圖書館的存在價值，更為了滿足、了解新時代下需求多元的「顧客」們，掌握「顧客群」，圖書館應向企業見賢思齊，積極導入CRM，或可藉之大幅降低和讀者間的溝通成本，並提升服務層次與顧客滿意。因為相對的，圖書館一但失去了「讀者」的支持與信任，圖書館的重要性將日益消

落；唯有時時掌握讀者需求的變動與體認讀者的預期，滿足讀者，才是通往成功之道的最佳途徑。

　　若運用e-CRM，圖書館可以較精確的方式區隔出上述這些不同需求的讀者，並與之交流和互動，以塑造培養適切的關係並設計不同的行銷方法及策略。

　　目前e-CRM在國內圖書館的應用，只有少數學者專家探討。例如，賴忠勤先生在其所撰的「電子商務技術與架構對圖書館之影響與應用」文中提及：因圖書館類型的不同，其所服務的讀者亦不盡相同，但圖書館可透過CRM針對不同層級不同需求之讀者的相關資料做進一步分析，以釐出讀者真正的需求，進而由圖書館主動提供讀者所需相關資訊，以提升顧客滿意度與忠誠；也就是藉由讀者借閱記錄、參考諮詢記錄、參與活動記錄與其他相關記錄，再經由CRM系統整合分析後，依讀者個別之需求與興趣提供各種服務、行銷活動以及線上資訊服務（參圖6-10）。

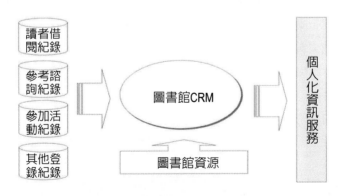

圖6-10　圖書館e-CRM架構圖

資料來源：賴忠勤，2002

　　顏嘉惠於2002年以CRM中的「資料挖礦（Data Mining）」探討其對圖書館行銷的應用，認為現代的圖書館「讀者服務」應加入CRM的概念，以更了解讀者需求，調整館藏和服務。至於圖書館行銷策略，奠於「讀者分析」和「服務提升」兩部分，運用了「資料挖礦」的概念提出了解決圖書館行銷問題的步驟，其概念之論述可以圖6-11示之。其實這個資料挖礦的步驟就類似建立CRM之倉儲。在藉由倉儲內的資料作使用者和非使用者分析，以達圖書館行銷之效。

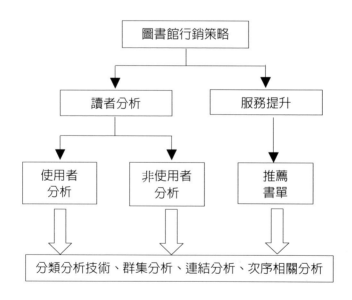

圖6-11　圖書館行銷之資料挖礦步驟

資料來源：改編自顏嘉惠，2002，

　　圖書館可運用e-CRM系統和概念來建立讀者滿意度與忠誠度，處理包括所有服務管道管理、各種讀者諮詢以及抱怨申訴，最終目標是提高讀者再來率及精準建立已存在讀者的分析模型，以提供未來潛在性服務更佳的分析管道，例如如果圖書館線上讀者的詢問太多，e-CRM系統可將圖書館內部有用的資訊以最簡單的操作方式儲存下來，並將讀者區分不同類型，給定不同權限。再依區分不同族群，使整個讀者資訊井然有序。同時可以依照不同讀者給定不同的服務內容及型態，符合多樣性的讀者型態。

　　以下就本書所定義的四個讀者服務的面向，探討e-CRM可以如何應用。

一、閱覽流通服務

　　西元1897年，義大利經濟學家柏拉拖（Vilfredo Pareto,1848-1923）於從事經濟研究探討十九世紀英國人財富和收益模式時，發現大部分所得和財富，流向少數人手裏；他同時發現了某一族群占總人口數的百分比，和該族群所享有的總收入或財富之間，有一項一致的數學關係—此稱之為柏拉拖分配，柏列拖分配的另一種呈現方式即為大家熟知的「80/20法則」，亦即在因和果、努力和收穫之間，存在著不平衡關係。在圖書管理上的研究發現，被借閱書籍排行前20%的佔整個圖書館流通量的百分之80%。80/20法則理論，顯示有大部分的館藏資料甚少被利用，而運用CRM相關技術，圖書館可

重組給讀者服務的供應鏈，可以在讀者提出資訊需求之時，馬上從各種不同的供應者（supplier）獲得資料，經過客製化整理之後，及時提供給讀者（賴忠勤，2002）。

CRM也可以輔助流通智慧化，包括潛在讀者需求管理、讀者借閱習慣分析等等，以期提升館藏的使用率、幫助館藏發展的方向更符合讀者所需求，進而做到目標讀者的一對一服務。

二、參考諮詢服務

可依照不同館員的資歷及專長，以達專業分工服務。e-CRM系統尚可將所有讀者問題依照類別、所在地區以及內定的關鍵字，精確地分派到負責的館員。此外報表管理子系統，可以清楚記錄所有的讀者問題，再統合所有問題，歸納回覆機制以確保讀者服務的品質與專業化服務。

e-CRM將有助於圖書館管理者或館員加深對讀者查詢或請求服務行為的瞭解，以及讀者與館員服務間的回饋效益。另外分析表亦可建立讀者行為與圖書館關係的時間性價值，或可應用於讀者的忠誠度與流失預測之統計模式。

三、行銷推廣

將前端收集到的資料（例如自動化系統所收集的資料），進行行銷推廣活動的規劃管理、讀者族群分析等等，並以多元化的方式執行行銷活動，並可在執行中分析讀者回

饋反應來修改行銷推廣活動方案、以期徹底有效追蹤每一次行銷活動的結果，並以具體數據決定那一項單項投資是最有效率的。

四、館際合作

　　系統管理者或分析師以表格或圖形或動態視覺化格式方式，將讀者的申請之館際合作原始記錄資料摘要依廣度或深度的資訊彙整成報表，並將之儲存資料倉儲中心，內容包括讀者操作查詢的資訊，以提供更即時且符合所需的圖書資源給需要的讀者。

　　圖書館運用CRM系統功能在讀者服務上，可能之場景之一是當一個讀者以立即對談之方式（live-chat）和館員進行參考服務諮詢之同時，館員可以得知讀者前一個月薦購且已到館的書，或是知道這位讀者目前對某一領域的文獻相當感興趣，而做附帶之通知甚至服務。可能場景之二是當讀者於線上提出諮詢問題之時，可經由連結倉儲系統之分析管理，幫助館員將常問之諮詢問題整理置放於資料庫中，以引導讀者們自行利用圖書館資源，達到利用教育之效。可能場景之三則可結合圖書館電子化做進一步的加值服務，如同企業之中大多數的客服中心都透過「智慧型」語音軟體進行服務，這種服務方式，即是透過資料倉儲將大量的顧客常見問題或服務程序蒐集起來，再輔以電腦電話整合系統（CTI）之建置與整合倉儲中

的各種資料庫，提供「智慧型」語音服務；而圖書館亦可透過資料倉儲廣蒐讀者曾經或常問的相關問題，藉由CTI整合館內不同的資訊系統與資料庫，當讀者經由e-mail或電話諮詢問題或查找資料時，即可自動的提供服務。另外，在圖書館行銷部分，則可藉由系統分析辨認電子圖書館中的「顧客群」並針對客群規劃一連串相關教育活動或服務，以提升圖書館價值。

　　Rowley認為為了保持圖書館和「顧客」之間的密切關係，經由圖書館之網站來從事e-CRM不失為一有效之途徑。因此圖書館必須花心思設計其網站之呈現與使用方式以及內涵，藉由連結來增加自己圖書館網站之曝光率，並利用電子郵件、聊天室、電子公佈欄、電子論壇等方式多和讀者互動。此外，圖書館亦須收集讀者相關資料，也就是藉由圖書館伺服器內的log data、讀者基本資料庫、讀者交易活動資料，甚至cookies來了解讀者在電子環境下的行為和需求。最後，Rowley強調要和讀者建立「關係」首要之務則是須培養並維持讀者之忠誠度，而忠誠度之培養和維持仰賴於圖書館過去的服務信譽，同時在電子環境下圖書館可藉由虛擬社群來做關係行銷之工作（Rowley, 2002）。

　　Keating與Hafner建議運用CRM的概念於圖書館應注意四個要點：（Keating and Hafner, 2002）

- 認清讀者的偏好
- 館員是否可以透過讀者需要協助的情形區別不同需求的讀者

■ 館員和讀者間的互動情形是否良好

■ 基於對於讀者的已知條件，館員如何定製出圖書館服
務與資源以符合讀者需求

　　總之，CRM可視為一種概念或一種系統。透過這種概念
圖書館得以更加了解讀者需求，加深與讀者之相互關係，並提
升讀者的忠誠度和滿意度；而e-CRM可以讓圖書館蒐集到有關
讀者的重要資訊，進而分析資訊使其形成對圖書館有價值的資
訊資產，幫助圖書館進行各種業務規劃之依據。

　　此外，在網路的世界中，由於資訊資源的多元與豐富，
資訊獲取速度的快速，檢索時空的寬廣與自由，圖書館存在
的必要性受到了質疑。因而也產生了「圖書館消亡論」（劉
嘉，2000），這一派之論者認為面對資訊技術的快速發展、資
訊環境的改變和文獻服務產業的強大競爭之下，傳統圖書館毫
無招架之力。但是亦有另一派學者認為圖書館的功能將日益重
要，因為在網路環境下圖書館將是網路資訊生產活動和消費活
動的中介者，使資訊資源化為能量，使「顧客」能方便且順利
的利用，圖書館可透過「數位化」的形式保有一席之地。

第 7 章

運用e-CRM於
圖書館實例：PISC

第一節　PISC概述

本節介紹已建置完成的「網際網路讀者服務中心Patron
Internet Service Center」（以下簡稱PISC），PISC是一個應用
於圖書館的e-CRM系統。

PISC著重賦予讀者獨立解決問題的能力（FAQ, Service
Manual）；降低服務支援成本的一種考量；隨時提供重要讀
者服務資訊及論壇（Forum）；遇到問題時，讓圖書館能集中
內部支援與資源去改善服務；透過Web網站所延伸的服務應
用，讓圖書館可以提供給讀者更迅速、更具互動性、甚至是即
時的服務。

PISC採用新一代Web-Based網際網路通訊環境下相關軟體
之開發，以建立一套適用於圖書館做專業行銷之讀者服務管理

系統，提供讀者選擇e-CRM具人性化及簡便的操作介面，使得讀者更能架輕就熟地使用圖書館的服務措施，另方面圖書館的服務人員可更有彈性地提供7*24線上即時或非即時的讀者諮詢服務，而圖書館的管理者更可藉由PISC掌握圖書館員之服務效率與讀者諮詢服務之品質。

PISC功能架構如圖7-1所示：

- 讀者可經由網際網路（Internet）、電話、或傳真等方式進入系統（和圖書館服務人員取得聯繫）
- 讀者可選擇使用自助式服務（Help Desk/FAQ）、或提出服務要求（submit incidents）
- 圖書館服務人員除根據本身的知識回答讀者問題外，亦可藉由系統的知識管理（Knowledge Management）機制（亦即KM Engine）尋找問題解答，或尋求圖書館內部Support Engineer、QA及R&D人員之協助

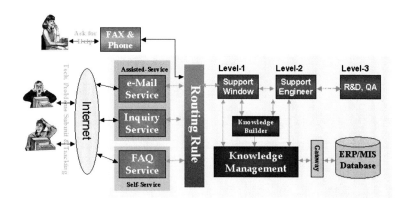

圖7-1　PISC功能架構圖

資料來源：三趨科技公司，2004

■ 問題之解答除回覆給讀者外，亦可儲存至系統資料庫
供以後使用

■ 系統的底層架構是Knowledge Management機制（KM
Engine），具有紀錄、儲存、搜尋、轉換資料等功能

　　簡言之，PISC係以知識管理（Knowledge Management,
KM）為核心的e-CRM設計方案。系統運作的基礎架構是採
用KM Engine，負責整個讀者服務工作流程的控管、知識的
存取、使用及轉換等，並配合常見的網頁瀏覽器為使用者
介面。

第二節　PISC架構

PISC建置架構如圖7-2所示：

■ 讀者或圖書館服務館員可經由網際網路（Internet）經
過防火牆（Firewall）連線進入圖書館PISC服務系統主
控畫面

■ 讀者可選擇使用PISC服務系統主控畫面之功能選項進
行自助式服務（Help Desk/FAQ）、或提出服務要求
（submit incidents）

■ 讀者所點選的選項將透過PISC程式與後端CRM主機連
接並存取資料庫內的服務或資訊內容

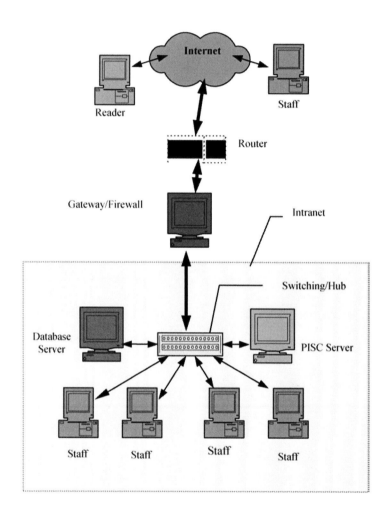

圖7-2　PISC建置架構圖

資料來源：三趨科技公司，2004

- 若讀者需要提出問題諮詢，則由PISC問題服務區程式自動將提出問題指定給相關服務館員回答
- 圖書館服務人員亦可藉由網際網路連線進入PISC問題服務區，進行線上即時問題答覆
- 圖書館服務人員除在系統線上回答讀者問題外，亦可藉由系統的知識管理機制尋找問題解答，或者將問題轉介圖書館內部其他服務部門人員共同協助問題答覆
- 所有讀者與服務館員之問題與解答皆可儲存至系統資料庫內供以後納入FAQ線上諮詢區使用

第三節　PISC需求

　　PISC所需之伺服器之軟體硬體設備、網路環境及其他注意事項，如以下所列。

一、軟體需求

- NT Server 4.0中文版
- SQL Server 7.0
- NT Server 4.0 Option Pack
  - IIS4.0
  - Transaction Server
  - Index Server

• Service Pack 4 以上

二、硬體需求

■ Pentium II 以上 PC

■ 128MB RAM 以上

■ 6.4 G 以上硬碟

■ 網路卡

三、網路環境（有二種安裝方式）

■ 安裝於現有的Web Server
  • 其Web Server必須為NT Server且為 IIS（詳細軟體需求如上所列）
  • 至少需有一個POP3收信的 Mail Account
■ 獨立的PISC Server
  • 詳細軟體需求如上所列
  • 需有一個Internet IP
  • 至少需有一個POP3收信的 Mail Account

四、其他事項

　　若需與現有網頁之Skin結合，則需提供網頁設計封面之原稿。若需與其他現有圖書館查詢系統連結，則由網頁中設計超連結選項連結。若需整批轉入讀者資料至資料庫之讀者基本資料檔，則由PISC管理端介面所提供的轉檔程式執行。

第四節　PISC功能

　　PISC提供之管理功能（圖7-3），主要來自於系統設計時即包含：使用者端的桌上服務隨身包（HelpDesk Suite）及伺服器端的智慧型知識管理程式引擎（Knowledge Management Engine）。

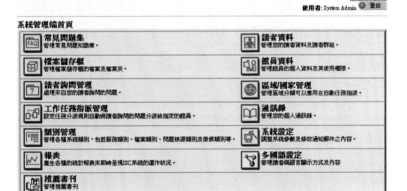

圖7-3　PISC讀者服務功能管理伺服器端主畫面

　　PISC程式設計包含有：

- 智慧型FAQ
- 知識文件儲存櫃
- 讀者服務要求（Inquiry）管理

- 主動訊息傳遞管理
- 服務要求處理流程控管
- 工作任務指派規則設定
- 多層次之存取權限安全機制
- 系統維護工具
- 針對系統活動、服務館員表現以及服務品質等提供深入的報表管理
- 個別讀者、群組讀者與服務館員資料之管理等等完整的資料管理功能

以下概述PISC之前端（使用者端）及後端（伺服器端）的功能機制。

一、桌上服務隨身包（HelpDesk Suite）

（1）智慧型FAQ（Intelligent FAQ）

將常見的問題整理後成為FAQ（Frequently Asked Questions），其內容可以是文字、URL連結、畫面（images）及檔案的連結。可以搜尋問題或解答中的內容，迅速找到FAQ；同時，讀者可以訂閱有興趣的FAQ，當FAQ更動時，系統會自動將相關訊息以e-mail的方式通知訂閱此FAQ的讀者。使用者端畫面及對應的伺服器端的管理畫面如圖7-4A及圖7-4B所示。

圖7-4A　PISC智慧型FAQ功能使用者端畫面

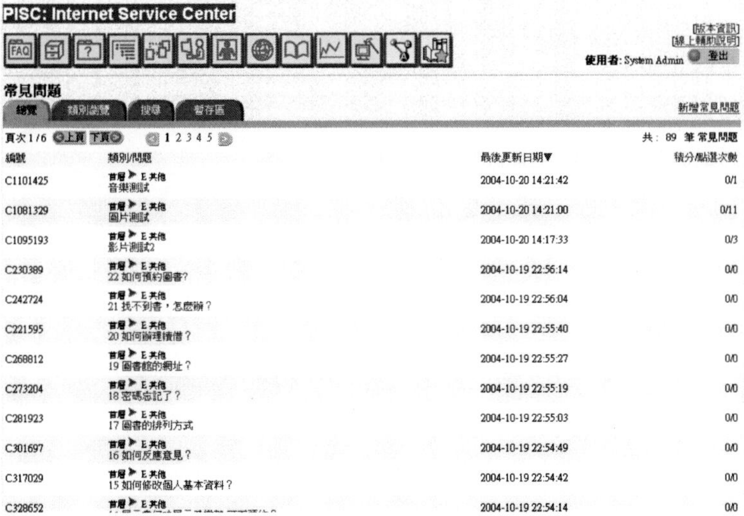

圖7-4B　PISC智慧型FAQ功能伺服器端管理畫面

（2）檔案儲存櫃（File Cabinet）

　　檔案儲存櫃具有檔案儲存、搜尋、下載及上傳等功能。檔案係以N階層之樹狀目錄結構存放，可有系統地儲存大量資料。多種不同形式的檔案（如文字、影像或執行檔等）均可儲存，並可儲存附加描述，可以用搜尋檔案附加敘述的關鍵字之方式找到所需的檔案資料。

　　檔案儲存櫃可支援多種檔案格式，如Office、PDF或HTML等，均可針對文件內容提供全文檢索功能。使用者端畫面及對應的伺服器端的管理畫面如圖7-5A及圖7-5B所示。

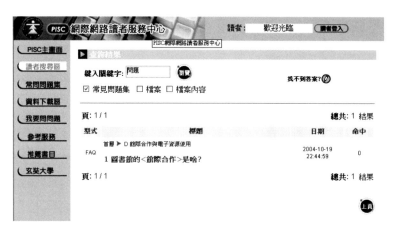

圖7-5A　PISC檔案儲存櫃功能使用者端畫面

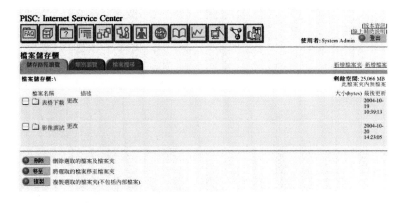

圖7-5B　PISC檔案儲存櫃功能伺服器端管理畫面

（3）讀者問題服務管理（Inquiry Management）

　　讀者的問題服務要求可以從網頁或是以電子郵件的方式進入系統。當服務要求被提出後，此事件會自動被傳送至相關負責的圖書館服務人員。同時，系統會記錄各個事件從提出、解答、回覆到歸檔的整個生命週期。

　　圖書館服務人員可透過「Discussion Message」選項與讀者及其他圖書館服務人員交換訊息以滿足讀者的服務需求。並可選擇將有參考價值的讀者詢問轉換成FAQ。使用者端畫面及對應的伺服器端的管理畫面如圖7-6A及圖7-6B所示。

圖7-6A　PISC讀者問題服務功能使用者端畫面

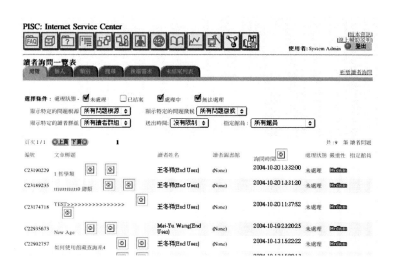

圖7-6B　PISC檔讀者問題服務功能伺服器端管理畫面

（4）主動訊息傳遞管理（Up Message Management）

　　系統自動由讀者詢問的問題中蒐集讀者有興趣的主題，圖書館服務人員可主動發送有關該類資訊的改版通知或新聞等相關訊息給讀者。

二、智慧型知識管理程式引擎（KM Engine）

（1）服務要求處理流程追蹤控管（Sophisticated Interaction Tracking）

　　可訂定讀者問題服務要求處理的流程，系統根據此一流程對每一讀者服務要求進行讀者問題服務追蹤與控管。請見圖7-7所示。

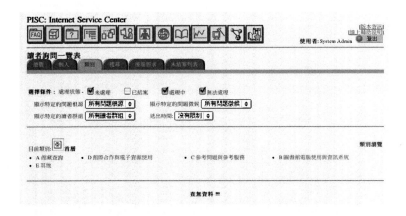

圖7-7　PISC讀者問題追蹤與控管功能伺服器端管理畫面

（2）工作任務指派規則設定（Skill/Type-Based Queuing and Routing）

　　工作任務指派規則（Routing Rules）可依使用上之需求做不同的設定（如依照問題分類或依讀者所在地區等），系統再依指派規則將讀者服務要求指派給應負責處理的圖書館服務人員，可符合圖書館不同管理措施之實際運作之狀況。請見圖7-8所示。

PISC: Internet Service Center

使用者：System Admin

工作任務指派
指派規則:規則一

類別 Home	館員	
A 館藏查詢	組員 朱祁玫	指派
└1 圖書館館藏查詢	組員 朱祁玫	指派
B 圖書館電腦使用與資訊系統	組員 王冬祥	指派
C 參考問題與參考服務	組員 王秀梅	指派
0 總類	組員 王秀梅	指派
1 哲學類	組員 王秀梅	指派
2 宗教類	組員 王秀梅	指派
3 自然科學類	組員 王秀梅	指派
4 應用科學類	組員 王秀梅	指派
5 社會科學類	組員 王秀梅	指派
6 史地類(中國)	組員 王秀梅	指派
7 史地類(世界)	組員 王秀梅	指派
8 語文類	組員 王秀梅	指派
9 藝術類	組員 王秀梅	指派
D 館際合作與電子資源使用	組員 王秀梅	指派

圖7-8　PISC工作任務指派規則設定伺服器端管理畫面

（3）報表管理（Report Management）

　　針對系統活動、圖書館服務人員績效及服務品質等提供深入的管理報表訂製及列印。請見圖7-9所示。

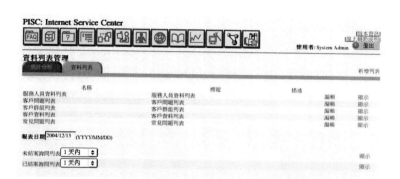

圖7-9　PISC管理報表訂製及列印設定伺服器端管理畫面

（4）讀者管理（Customer Management）

除基本的讀者資料建檔管理外，可將不同特性之讀者設定為不同的讀者群組（Customer Group）分組管理，提供不同的服務及使用權限。請見圖7-10所示。

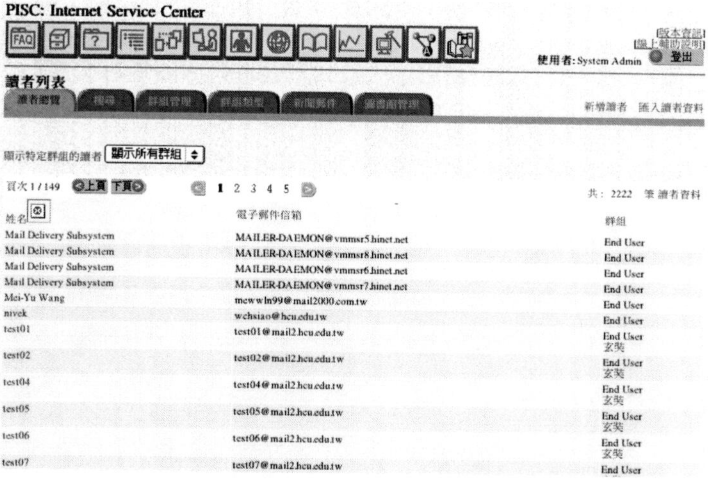

圖7-10　PISC讀者資料管理設定伺服器端管理畫面

(5) 員工管理（Staff Management）

　　除基本的圖書館服務人員資料建檔管理外，可設定服務人員所屬的功能群組（Function Group），不同功能群組之圖書館服務人員，可使用不同的系統功能。請見圖7-11所示。

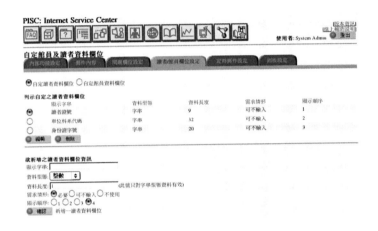

圖7-11　PISC圖書館服務人員資料管理伺服器端管理畫面

(6) 多層次之存取權限安全機制（Multiple Access Level Security Control）

　　可針對不同的讀者及圖書館服務人員設定不同的資料存取/修改權限，並可配合安全傳輸模式（SSL）進行系統安全管制如圖7-12所示。

圖7-12　PISC多層次存取權限設定伺服器端管理畫面

（7）提供知識庫輸出/輸入介面（Knowledge Import/Export Utility）

此一介面為一資料轉換機制，溝通系統與知識庫之間的資料往來及交換。系統所擷取的重要資料（知識）可透過此介面轉換成知識庫可識別的資料格式儲存；當系統需使用知識庫內之資料時，亦透過此介面自知識庫取得所需的資料。

（8）系統維護工具（System Utilities）

提供操作簡易的系統維護工具，方便維持系統正常運作（圖7-13）。

圖7-13　PISC系統維護工具伺服器端管理畫面

第五節　PISC功能設計架構

PISC功能設計架構（Functional Block Diagram）如圖7-14
所示。

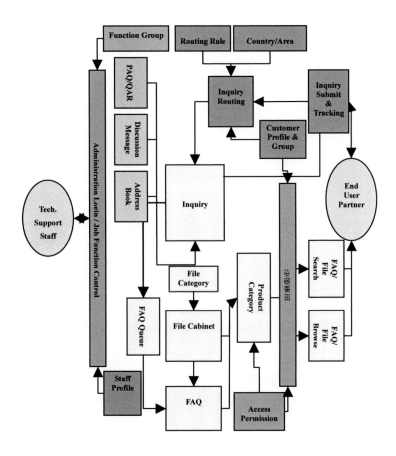

圖7-14　PISC功能設計架構（Functional Block Diagram）

資料來源：三趨科技公司，2004

第六節　PISC服務項目規格

　　PISC（Patron Internet Service Center）讀者服務管理系統之服務項目規格分析說明如下：

一、通訊錄管理

　　包含列出公用/私用之通訊錄、刪除收件人、修改收件人資料、新增收件人至通訊錄以及匯入CSV格式檔案等等功能。

二、功能群組管理

　　包含列出所有公用功能群組、列出所有私有功能群組、刪除指定之公用群組、刪除指定之私有功能群組、查看私有功能群組、查看系統功能群組、修正公用功能群組資料、修正私有功能群組資料、新增公用群組以及新增私有功能群組等等功能。

三、系統資訊管理

　　包含自訂圖書館員資料欄位、自訂讀者問題資料欄位、自訂讀者資料欄位、修改系統參數、警告機制以及e-Mail收信設定等等功能。

四、讀者問題管理

　　包含刪除讀者群組、查看所有讀者群組資料、修改讀者群組資料以及新增讀者群組等等功能。

五、讀者群組類型管理

　　包含刪除讀者群組類型、查看所有讀者群組類型、修改讀者群組類型以及新增讀者群組類型等等功能。

六、讀者管理

　　包含刪除讀者、查看所有讀者資料、修改讀者資料以及新增讀者等等功能。

七、圖書館管理

　　包含刪除圖書館、查看所有圖書館資料、修改圖書館資料、新增圖書館以及提供匯入ERP資料等等功能。

八、客服服務館員管理

　　包含刪除服務館員、查看所有服務館員、查看指定管理者所管理的服務館員、修改服務館員資料以及新增服務館員等等功能。

九、後端支援表格管理

包含刪除後端支援表格、查看所有後端支援表格、修改後端支援表格以及提出新的後端支援表格等等功能。

十、區域管理

包含列出所有區域、刪除區域、修改區域資料（區域名稱與屬於該區域之國家）以及新增區域等等功能。

十一、問題指派規則管理

包含刪除問題指派規則、查看所有問題指派規則、問題指派規則的條件設定以及新增問題指派規則等等功能。

十二、問題根源類別管理

刪除問題根源類別、查看所有問題根源類別、修改問題根源類別以及新增問題根源類別等等功能。

十三、問題徵候管理

包含刪除問題徵候管理、查看所有問題徵候管理、修改問題徵候管理以及新增問題徵候管理等等功能。

十四、常見問題集等待區（FAQ Queue）管理

包含瀏覽所有常見問題集合區等待整理分類之。

十五、常問問題集（FAQ）管理

包含以分類的方式瀏覽常問問題集、刪除常問問題、修改常問問題、設定常問問題集的存取權限、搜尋常問問題集以及新增常問問題等等功能。

十六、服務項目分類管理

包含刪除服務項目類別、建立新的服務項目類別、查看所有服務項目類別、移動服務項目類別、設定服務項目類別的存取權限以及對服務項目類別重新命名等等功能。

十七、報表管理

包含刪除報表格式、查看所有報表格式、修改報表格式、新增報表格式以及顯示報表內容等等功能。

十八、檔案儲存櫃

包含上傳新檔、以目錄的方式瀏覽檔案、以類別的方式瀏覽檔案、刪除目錄、刪除檔案、取代現有檔案、指定檔案存取權限、重新命名目錄、將檔案移至另一目錄、搜尋檔案、新增目錄以及權限設定等等功能。

十九、檔案類別

包含刪除檔案類別、查看所有檔案類別、修改檔案類別以及新增檔案類別等等功能。

二十、關鍵字管理

包含刪除關鍵字、查看所有關鍵字或修改關鍵字等等功能。

總體而論，PISC是一套提供讀者使用所有各式各樣e化圖書館的諮詢服務系統或資料庫查詢系統的一個簡易好用的入口網站（圖7-15）。由於現代圖書館的讀者服務功能多元化，加以國內外各分類資料庫的不斷添購，使得讀者進入圖書館網站介面後，得花一些時間自行尋找對應的功能選項，再進入尋找需求的查詢項目，甚而某些五花八門的問題必需當場或電話請教服務館員。

以下將簡介PISC讀者服務中心的顧客關係管理系統的主要流程功能。（請見圖7-15）

- 讀者登入並提需求：

  讀者可經由網際網路進入圖書館PISC，先填入基本資料後登入。在讀者可選擇使用自助式服務選項、或選擇線上提出服務要求或疑難問題。

- 讀者客服系統：

  讀者若已熟悉圖書館的一般服務資源，可選擇自我服務之「檔案資料櫃」、「FAQ問題集」、「資料下載區」及「參考服務區」等等選項，進行快速查詢或資源尋寶。假若讀者是新手，甚或有一些疑難雜症式的問題

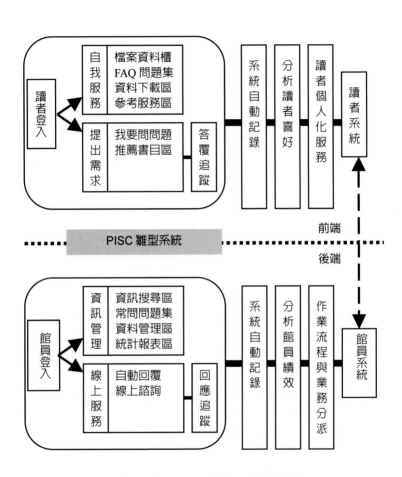

圖7-15　PISC系統功能示意圖

不知從何處尋求解答者，建議可進入「我要問問題」，
請求專家線上諮詢服務。另外，若有新書推薦圖書館添
購需求者，可進入「推薦書目區」。後面兩項服務並具
有問題答覆追蹤的功能。

■ 館員即時服務：

圖書館服務館員除根據本身的知識回答讀者問題
外，亦可藉由系統的知識管理（Knowledge Management）
機制自動尋找問題解答，並做即時答覆，或尋求圖書館
內部專業人員之協助回答五花八門的問題。

■ 系統自動記錄：

讀者問題之解答除回覆給讀者外，讀者常問的知識
領域、興趣領域及使用系統之習慣性等資訊將記錄於資
料庫中。同時館員與讀者互動之所有服務資訊，如線上
問題答覆的來龍去脈，也將儲存至系統資料庫中。

■ 客製化服務：

根據系統平時記錄於資料庫內有關讀者需求與館
員服務之自動記錄資料，圖書館主管人員可進行各種分
析；如設定各式統計報表，定期或隨意地分析讀者的個
人需求或館員服務的效率，將有利制定圖書館行銷策略
的有效決策。

對於當代「虛擬圖書館」所強調讀者服務的行動化、即
時化與效率化的精神，以及推動所謂的圖書館服務作業流程虛
擬化、精簡化與管理化的目標下，不論讀者需求或館員服務的

諸多細節，皆可精心規劃於類似客服中心的讀者介面系統與館員管理系統。一方面讓前端讀者更容易快速取得圖書館所有服務資訊，進行自我學習的行動服務，或是提出問題並得到即時回應或問題追縱。另一方面讓後端館員更有效地做線上即時答覆及問題彙集，主管更能做即時任務分派與行政效率評估，亦可彙整讀者需求與館員績效之統計分析報表，使得圖書館可掌握讀者服務的先機。（PISC之詳細介紹請參考附錄。）

第七節　PISC的優點與缺失

PISC雛型系統有如下優點：

一、加速圖書館讀者服務的速度

藉由任務自動分派及網頁自助服務功能可以加速圖書館讀者服務的速度。

二、增強知識庫效能

已解答之問題可轉換儲存至FAQ及事件資料庫；同時，亦可藉由檔案儲存櫃（File Cabinet）功能擴充知識庫之資料。

三、強化讀者服務功能

讀者可藉由智慧型FAQ系統、搜尋及檔案下載等功能，於網頁上進行自助服務。

四、提高圖書館管理效率

利用報表管理、圖書館館員管理、讀者資訊管理及工作流程控制等功能提高圖書館讀者服務之管理效率。

五、提供讀者個人化附加價值服務

依據讀者利用圖書館Inquiry的資料庫領域、常用關鍵詞及其行為習慣性分析讀者個人化需求之調查報告，以主動Push或Pull行銷方式，提高圖書館與讀者互動關係。

但是現階段所設計的PISC雛型系統經過初步測試使用之後發現仍有許多不足之處，條列如下：

- 主畫面版面配置，右邊留白太多，宜再調整
- 部分網頁連結不成功，例如「圖書館法規」與「參考服務」兩項連結需修正
- 若能加上與圖書館其他資料庫的連結會更好
- 有些連結項目不顯眼；部分頁面標題標示不夠明確
- 讀者資料建立畫面功能中，個別輸入及整批輸入的機制尚有漏洞，程式待修正
- 系統備份功能之介面不夠明顯
- 如果已提出問題的讀者帳號被刪除的話，則提出的問題便無法送出了，也無法回覆在讀者網頁上
- 讀者搜尋功能可增設多重之進階查詢功能
- 「讀者搜尋區」和「常問問題集」有多處重覆資料

■ 在「我要問問題」，希望能增加「您希望這個問題在
多久的時間內回覆」這個欄位可以填寫

■ 希望增設「讀者討論區」，讓讀者和讀者間彼此就可
以互相交流、回覆或解決問題，相對的也減少了館員
的負擔

其中最根本的問題是PISC雛型系統尚未與原有圖書館自
動化系統整合連結，所以未能把前端和後端的軟體完全整合起
來，以發揮最大的效果。目前開發e-CRM系統的廠商眾多，但
是單單只e-CRM系統軟體獨立使用，是無法滿足讀者要求深度
及廣度的資訊服務需求，e-CRM系統最終必須和圖書館後端
ERP系統整合才能發揮最大的效果（圖7-16）。

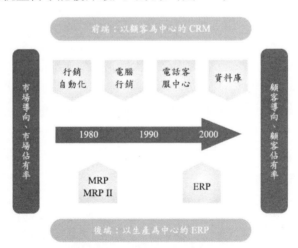

圖7-16　整合介面的CRM

資料來源：樂斌、羅凱揚。2005

　　未來的e-CRM系統功能將趨於成熟，不僅只是幫助圖書館流程的自動化，而是能幫助圖書館管理者利用分析工具做決策導向依據。PISC需要設計更完善的功能，並利用進階的資訊技術做有系統的讀者資料收錄和統計分析，以因應讀者的需求與期望。

第 8 章

結語

第一節　國內建置及導入e-CRM概況

　　Spengler於1999的調查報告中提出台灣企業界業者導入CRM的原因主要有四：1）襄助行銷、拓展商機，2）改善服務品質，3）提升經營績效，4）配合潮流趨勢，提升公司形象（Spengler，1999）。

　　根據1999年遠擎管理顧問公司的調查，在其所鎖定的台灣500大企業中，約90％聽過CRM，但有實際運用e-CRM產品的只有金融服務業（保險、銀行、證券），其次為製造業（流程製造、高科技），且因資源投入的考量，獲國內企業最多青睞的CRM系統是Call Center（史博言，1999）。

　　根據閔庭祥2000年的調查指出在253個企業樣本中已採用e-CRM系統只有22家，而採用超過四年者只有6家。

　　2003年資策會資訊市場情報中心（MIC）之類似的調查顯示，國內有超過半數的受訪企業沒有計畫要建置e-CRM系

統，有30%的企業已經建置或計畫在一年內建置，其他已建置e-CRM系統的企業多屬於金融保險業。國內企業所建置的e-CRM系統，有一半以上選擇自行研發系統，29%的企業選擇委託國外廠商，剩下的15%才是選擇委託國內廠商（鄭詔文，2003）。

雖然目前CRM系統的運用在國內尚未起飛，與顧客保持良好的互動關係已成企業界的共識，已有不少國內外IT廠商援引CRM專家學者的理論基礎，投入設計客製或套製的CRM系統程式設計。但是初階段所開發的系統多半為強化客服中心傳統的服務功能，並未能完整施展CRM的全貌，就如林俊文（發表年不詳）所言：

> 目前國內導入CRM系統的家數並不多，也還沒有聽到非常成功的案例，即使少數強調已經導入CRM系統的個案，經深入了解，也發現這些個案導入的大部分都是簡單的客戶服務及語音系統，事實上只是CRM系統中的非常小的一部份功能而已。

根據ARC遠擎管理顧問公司的調查，國內廠商似乎無法提供統整的CRM解決方案，而企業對CRM廠商的認知也多以國外為主，其中最廣為所知的是IBM的CRM解決方案（林懿貞等，2001）

綜合以上分析，國內最先導入e-CRM者多為銀行、保險、汽車、電信、資訊、網際網路服務與証券金融服務業。雖然如此，目前逐漸還是有一些其他產業的業者導入e-CRM，例如食品業與教育界，前者有天仁集團統整本身內部現有技術以及Architecture of Integrated Information System的整合性資訊系統，將各種異質性資料，經由OLAP技術做資料的建構萃取、轉換與載入處理，並以視覺化技術Visualizer 作資料圖表之呈現的CRM系統（林豐智等，2004）。後者之代表有南台科技大學導入的普揚資訊CRM系統。

但總體而言，由於CRM解決方案絕大多數均由外商設計，未必適用於國內企業的文化及工作流程；再者，由於大多是以標準產品的方式販售，客戶化的彈性較小；更重要的是，大多數產品的價格都相當高，使許多國內欲引進e-CRM的企業或機構，限於經費與整體經濟考量下而望之卻步。因此，e-CRM較適合由國內較具規模的大型圖書館、預算充裕的圖書館，或網路與資訊技術與資源成熟的圖書館先行引進。

第二節　圖書館導入e-CRM系統的步驟

日本人力資源學院（2001）提出企業在執行CRM可依循下列步驟：

■ 分析CRM環境

■ 建構CRM願景

■ 策定CRM策略

■ 引進CRM系統

■ 活用CRM資訊

　　導入e-CRM系統，當然會遭遇一些難題，例如根據調查多數企業認為初期導入成本過高；初期效益不明顯，因為CRM的成效必須在一段時間之後方可顯現出來；CRM套裝軟體廠商所提供的解決方案與所需可能不符合；高級主管對CRM系統的認知不足或組織成員間缺乏共識等問題，亦會阻擾引進CRM系統的意願；系統建置完成後，組織內部必須有專門的人才管理與應用該系統，然而這樣的人才難尋（劉士豪。發表年不詳）。

　　因此，導入e-CRM系統時，圖書館本身應該要事先做好評估與規劃，否則可能會造成無法與圖書館活動充分結合，也未能如預期達到圖書館提升服務品質的目標。影響小則無法與圖書館內原有資訊系統相容與整合，難以正常運作，大則甚至對原本組織造成不良的影響與衝擊。因此，建議圖書館在導入e-CRM系統之初，可參酌如下五個階段進行。

一、溝通

　　蒐集相關之文獻資料，加以分析、整理、歸納與比較，以了解與CRM的相關概念、定義與發展趨勢，並藉由圖書館

組織內正式以及非正式傳播管道釐清CRM系統對於讀者服務的意義與實質影響。

此外，在導入e-CRM之開發、測試、資料鍵入、上線使用乃至正式執行階段，都會碰到一些問題，圖書館人員所面臨的困境將歸納如下幾點：

- 資訊能力知能的不足感與挫折感
- 繁複工作下產生的倦怠感與排斥感
- 系統操作與管理架構的不熟悉感與繁雜感

對這些圖書館人員的心理層面的安撫，有賴管理者加強輔導溝通機制的事先安排。

所以要持續保持溝通管道的暢通，並做好抗拒效應的變革處理，也就是除了內部和館員溝通外，最重要的和館員做好良好的願景溝通及共享願景，再者還要對於因為做好顧客關係管理而成長的業務有適當之激勵措施。

二、規劃e-CRM系統

首當其衝的任務便是瞭解圖書館的作業流程與館員的任務分派情形，因此需要調查圖書館業務需求、圖書館員服務需求及讀者利用圖書館之需求與情況。過程中也會牽涉資訊人員與圖書館員對系統專業的認知與溝通落差。規劃階段可細分為四個步驟：

■ 做內外環境的分析評估

　　也就是蒐集必要的資訊，例如導入過程中需要之初級資料與次級資料。初級資料可由觀察法、深度集體訪問法、調查法、行為資料分析法及實驗法等五種方法來蒐集；然後分析並陳述發現。

■ 界定導入之目的

　　必須思考導入之目的如何與圖書館的使命配合一致，以及導入之目的是否可以衍變成具體可行的目標，是否可以達成，是否表達簡明清晰等等。

■ 制定目標

　　在制定時，圖書館的主管不僅要允許館員參與，而且應該創造機會，鼓勵館員積極地參加。早先的科學管理學派雖認為「規劃」與「執行」應該分開，但晚近的觀念認為館員的參與不但可以提高士氣，增加效能，而且有助於規劃的執行。一個新系統導入之目的是比較長期且原則性的，需要逐年檢討及做必要的修正，但是導入的目標，則是講求具體且能在一兩年可以完成，所以應顧到下列七點：

・是否可以付諸實施?

・是否提供多種實施的途徑?

・是否夠明確?

・結果是否可以衡量?

・是否有時間限制?

- 是否有適當的難度及具挑戰性?
- 是否支援本機構（圖書館）的價值觀念及目的?

■ 擬定合宜之策略及行動方案

　　行動方案最好還能包含達成目標的時間、進度及可資衡量的指標，導入CRM的行動方案必須要做下列事項：（劉建勛，發表年不詳）（圖8-3）。

- 讀者資訊的收集與儲存
- 讀者資訊的分析
- 思考讀者關係如何建立
- 讀者互動通路如何提供
- 如何檢視與分析讀者滿意度

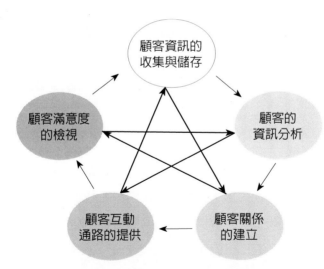

圖8-3　顧客關係管理-五行圖模式

資料來源：劉建勛，發表年不詳

在這個階段，圖書館必須依據其資訊環境及軟體與硬體等整體資訊環境，做系統軟體及硬體規格確認，以及建置時程確認，如有必要圖書館必須一併規劃增聘之專業資訊技術人員，以利未來相關系統、軟體、硬體與資料維護之正常運作。

三、e-CRM系統建置與測試

對現有e-CRM產品做調查後，配合圖書館的需求進行系統分析、系統設計、系統程式開發與系統測試，系統安裝建置後，讓圖書館讀者與館員實際測試使用以便發現問題與提出建議。

在系統開發之雛形系統的測試時，相關的圖書館業務資料、讀者基本資料等，有些需要細心的鍵入，有些需要由其他相關單位之資訊系統轉出整批資料，再利用系統轉檔程式測試。圖書館與其他相關單位的業務協調與人力支援要搭配得宜。

為幫助圖書館人員能順利使用系統功能的重要程序，建議辦理後端與後端管理系統使用的教育訓練課程：從系統安裝示範、系統操作使用法、系統管理使用法，乃至於系統檔案資料內容建立與整批資料轉檔等功能的熟稔。後端資料庫管理系統環境，應讓所有圖書館館員實地演練操作，熟悉跨部門的業務分派與統合流程；前端使用者介面系統，應開放一段時間讓讀者群及所有圖書館館員作雙向互動實地演練測試。

四、系統評估

系統評估依系統開發的進度可分為開發階段所進行之形成性評估（formative evaluation）和系統完成後之總結性評估（summative evaluation）（黃慕萱，1999）。進行系統評估可使用的方法很多，不過一般研究者較常採用的有問卷法、訪問法、觀察法、大聲思考（talk-aloud）、查詢過程記錄分析法等。有些學者進行系統評估時，會同時使用多種方法，有些則僅使用一、兩種，而且每種系統評估方法各有其優缺點（張嘉彬，1999；黃慕萱，1999）。

五、訓練推廣

第五個階段重點在培育各崗位上的圖書館員均具備使用導入e-CRM系統之嫻熟能力，也確認館員均具有該單位作業流程與業務項目分門別類的分析能力，所以必須施行強化系統概念的在職訓練。同時也建議圖書館於儲備館員的人員篩選上，最好挑選本身具備較強的資訊程式概念的館員。訓練推廣當然也必須擴及讀者，如此才能順利推展CRM概念的貫徹實施。

上述五大階段，即在確保圖書館在導入e-CRM能得到主管與相關人員的全力支持；了解圖書館目前經營管理績效上的主要問題究竟是什麼，導入CRM之後能否解決這些問題，再

決定是否要導入CRM。以利建立明確的預期達成目標，做適當的規劃與持續的推動及追蹤，並且掌握導入e-CRM系統的關鍵成功因素（洪登貴，2002）。

第三節　CRM未來趨勢與圖書館讀者服務

行銷大師佛瑞德・紐沃以宏觀的角度出發，揭示提供優質消費經驗的關鍵在於統合流程、人員和科技，努力挖掘任何可以讓顧客作主的機會，才能真正依顧客需求，提供個人化的服務及產品。但是採行CRM的企業中，只有25%到30%公司得到預期利潤，他們低估了任務的規模，不了解顧客對買賣關係的期望，結果為了建立關係所做的努力，反而成為破壞關係的主因，因為顧客並不願被視為獵物、被管理，所以不只要思考如何做CRM，也要注意到CMR的顧客管理關係（Customer Management Relationship）（佛瑞德・紐沃/季晶晶譯，2003）。面臨此趨勢，圖書館必須借助磨練、對話與探索去建立一個以關係為本的組織體（圖8-1）。圖書館不能視讀者為顧客，必須進一步看待他們為夥伴（Chaffey et al., 2000），並尊重由讀者啟動關係的管理，而不是全然由圖書館啟動關係管理。

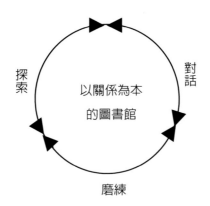

探索

對話

以關係為本
的圖書館

磨練

圖8-1 以關係為本的圖書館

資料來源：改編自瑞‧麥坎錫/張晉綸譯，2001

　　趨勢之二是試著在CRM上加顧客情緒管理（Customer Emotional Management, CEM）的元素（黃永猛，2005）。也就是圖書館在顧及CRM的同時，也要讓讀者在利用圖書資訊資源與服務過程中產生愉悅的好心情，例如，為了有效掌握客戶情緒，有關讀者的抱怨與圖書館的危機處理都需及時迅速，或結合7P+4C的運用讓讀者在館內或館外使用e-CRM系統的過程是順暢愉快的等等。

　　趨勢之三是隨著M化的興起，CRM也走向無線應用。CRM廠商中，包括Siebel及PeopleSoft、SAP紛紛推出適M化的CRM解決方案（鍾翠玲，2002）。圖書館的e-CRM未來可能會結合行動設備，如行動電話、筆記型電腦、個人數位助

理器、智慧型電話、平板電腦或連網板等,並提供配合之存
取介面,如瀏覽器或語音存取等,甚至進行必要之整合與重
新規劃。

參考資料

中文參考資料

ARC遠擎管理顧問公司（2005）。顧客關係管理深度解析：執行CRM的14個關鍵議題。麗勤。

BITECH（發表年不詳）。資料倉儲。Available at: http://www.bitech.com.tw/kw_dw.asp。（Visited August 12, 2006）。

CNET（2001）。2001年CRM十大趨勢。Available at: http://taiwan.cnet.com/enterprise/technology/0,2000062852,20000033-1,00.htm。（Visited August 11, 2006）。

CRM流程（2002）。文武電子報。Available at: http://www.bin.idv.tw/main/crm04.htm。（Visited June 10, 2006）。

CRM與OLAP。（2002）。文武電子報。Available at: http://www.bin.idv.tw/main/crm09.htm。（Visited June 10, 2006）。

Kotler, P., and Roberto, E. L.（1995）。顛覆大未來。商周。

Kotler, P./方世榮譯（2000）。行銷管理學。東華。

Papows, J. P./李振昌譯（1999）。16定位。大塊文化。

Spengler, B.（1999）。1999年度台灣業者之顧客關係管理運用現狀報告。電子化企業經理人報告（11月）：9-15。

Webster, F./馮建三譯。（1999）。資訊社會理論。遠流。

丹尼爾・貝爾/高銛、王宏周、魏章玲譯（1995）。後工業社會的來臨。桂冠。

日本人力資源學院（2001）。CRM戰略執行手冊。遠擎。

比爾・蓋茲/樂為良譯（1999）。數位神經系統。商周。

王力國際有限公司（2005）。何謂CRMarketing。Available at: http://

www.wanglih.com/crm/crm2.htm。（Visited August 12, 2006）。

王梅玲（2000）。數位資源與館藏發展。電子館藏發展研習班研習
手冊。

史丹‧拉普、恰克‧馬丁/袁世佩譯（2001）。行銷七式。美商麥格
羅‧希爾。

史博言（1999）。1999年度台灣業者之顧客關係管理運用現狀調查
報告。電子化企業經理人報告3：9-15。

台灣力劦（2003）。建立以客戶為中心的企業-CRM。Available
at: http://www.casys.com.tw/news/ReadNews.asp?NewsID=8。
（Visited August 31, 2005）。

安‧布蘭絲康/陳月霞譯（1996）。出賣資訊。時報出版。

佛瑞德‧紐沃/季晶晶譯（2003）。顧客大反擊：顧客主導關係取代
顧客關係管理。商智。

何淑熏、黃志仁（2000）。網際網路行銷的改革性行銷模式。產業
論壇2（1）：9-25。

吳思華（1998）。策略九說。臉譜文化。

吳淑貞（2001）。台灣導入與運用顧客關係管理系統的困難及因應
之道。國立中正大學企業管理研究所碩士論文。

杜富燕、張邦基（2003）。服務業關係行銷發展之探討。電子商務
研究1（1）：93-112。

汪冰（1997）。電子圖書館理論與實踐研究。北京圖書館。

卓玉聰等（1999）。網際網路上之圖書館參考諮詢服務。網際網路
與圖書館發展研討會論文集：159-185。

周宏明（2002）。藉由銀行資料倉儲機制建構以顧客為中心的經營
模式。電子化企業經理人報告30：56。

奈斯畢/黃明堅譯（1983）。大趨勢。經濟日報。

彼得‧杜拉克/傅振焜譯（1994）。後資本主義社會。時報出版。

林明宏（2001）。廿一世紀資訊中心：數位圖書館。書苑 47：
34-44。

林俊文（發表年不詳）。CRM系統功能和系統導入方法論介紹。

Available at: http: //www.dsc.com.tw/dscbook/BOOK/35/35-1.htm。
（Visited March 19, 2006）。

林建煌（2002）。行銷管理。智勝。

林珊如（1977）。二十一世紀大學圖書館：行銷服務時代的來臨。大學圖書館 1（1）：37-54。

林豐智、黃焜煌（2004）。食品產業顧客關係管理。九十三年度教育部製商整合科技教育改進計畫個案成果。Available at: http://tw.wrs.yahoo.com/ _ylt=A8tUxxsVao1Edo4ANa5r1gt.;_ylu =X3oDMTEwZXVqN2J0BGNvbG8DdwRsA1dTMQRwb3MDM jMEc2VjA3NyBHZ0aWQD/SIG=19laaak4v/EXP=1150204821/ **http://www.ebrc.ie.fcu.edu.tw/ebrc/edu/plan4/plan4_course/ %AD%D3%AE%D7- %AD%B9%AB~%B7~%C5U%AB%C8%C3 %F6%ABY%BA%DE%B2z.pdf#search='%E9%A1%A7%E5%AE %A2%E9%97%9C%E4%BF%82%E7%AE%A1%E7%90%86%E8 %B6%A8%E5%8B%A2'。（Visited June 15, 2006）。

林豐智等（2004）。食品產業顧客關係管理。Available at: http://www.ebrc.ie.fcu.edu.tw/ebrc/edu/plan4/plan4_course/ %AD%D3%AE%D7- %AD%B9%AB~%B7~%C5U%AB%C8%C3%F6%ABY%BA%DE%B 2z.pdf#search='CRM%20%E5%A4%A9%E4%BB%81'。（Visited June 20, 2006）。

林懿貞（發表年不詳）。客戶關係管理。Available at: http://www. im.stut.edu.tw/yichen/html/au_eao_yop2z.htm。（Visited August 25, 2005）。

林懿貞等（2001）。e世代之行銷管理教育模式-推動客戶關係管理。第十屆管理教育研討會：657-666。

法蘭西絲‧賀莉伯（2001）。智慧資本。商智。

柯雲娥（2004）。傳播學門大學生資訊素養能力的研究。國立政治大學圖書資與檔案學研究所。

洪登貴（2002）。導入CRM系統的成功關鍵。Available at: http://

www.my-gd.com/gdweb/ePaper/doc_3002.asp。（Visited Jun3 11, 2006）。

洪登貴（2004）。CRM有三種，該選哪一種?。Available at: http: //www.my-gd.com/gdweb/ePaper/doc_4002.asp。（Visited August 31, 2005）。

洪毓祥（2001）。CRM系統架構與實務。財團法人資訊工業策進會資訊市場情報中心。

洪廣禮（1999）。廿一世紀的顧客關係管理。通訊雜誌 72：89。

徐茂練（2005）。顧客關係管理。全華科技。

翁崇雄（1995）。服務品質與服務價值之評量計算模式。第一屆國品質管理研討會論文集：517-522。

馬曉雲（2000）。知識管理實務應用。華彩軟體。

高梨智弘、森田松太郎/吳承芬譯（2000）。知識管理的基礎與實例。小知堂。

張白影等（1990）。中國圖書館事業十年。湖南大學。

張嘉彬（1999）。系統評估研究之文獻探討：從電子圖書館角度考量。大學圖書館 3（2）：69-94。

梭羅/齊思賢譯（2000）。知識經濟時代。時報文化。

莊素玉等（2000）。張忠謀與台積電的知識管理。遠見。

陳書梅（2001）。公共圖書館讀者諮詢顧問服務析論。中國圖書館學會會報 67：9-25。

普哈拉等人/李振昌譯（2003）。顧客關係管理。天下遠見。

閔庭祥（2000）。顧客關係管理系統之價值模型建構。國立中央大學資訊管理學系。博士論文。

黃永猛（2005）。2005年5大行銷必勝策略。工商時報 （2005/01/28）。

黃貝玲（2001）。從線上學習的發展看企業線上訓練。電子化企業經理人報告19：12-23。

黃彥憲譯（1998）。行銷 AnyTime- 一對一網際網路行銷。ECpress。

黃盈彰（發表年不詳）。延伸ERP價值，邁向CRM時代。Available at: http://www.dsc.com.tw/newspaper/46/46-2.htm。（Visited

August 31, 2005）。

黃聖峰（2003）。顧客關係管理的定義。Available at: http://www. bethelink.com/Epaper/2003.07/sale1.htm。（Visited April 11, 2005）。

黃聖峰（發表年不詳）。高價值的銷售業務管理。Available at: http:// www.bethelink.com/Epaper/2003.09/sale1.htm。（Visited August 25, 2005）。

黃慕萱（1999）。系統評估規範之建置。行政院國家科學委員 會研究計畫案。Available at: http: //www.sinica.edu.tw/~cdp/ project/03/14_4.htm。（Visited April 24, 2006）。

黃瑩芳（2001）。新時代的顧客服務－e-CRM。EC-Pilot 電子報 3 （44）。Available at: http: //www.ec.org.tw/net/ecpilot/0314. html。（Visited December 14, 2004）。

勤業管理顧問公司/劉京偉譯（2000）。知識管理的第一本書。商 周。

楊景雍、萬金生（2002）。臺灣航空業者網際網路行銷。高雄餐旅 學報 5: 1-12。

瑞‧麥坎錫/張晉綸譯（2001）。究極CRM。美商麥格羅‧希爾。

資料挖礦研究中心（發表年不詳）。視覺化資料挖礦技術在企業經 營管理與製造業生產管理之應用。Available at: http://www.iem. yzu.edu.tw/course/datavisual.htm。（Visited June 10, 2006）。

廖又生（1996）。佛教圖書館讀者服務（上）。佛教圖書館館訊 7 （September）. Available at: http://www.gaya.org.tw/journal/m7/7- mag2.htm。（Visited June 10, 2006）。

廖志德（1999）。互動時代的客戶關係管理。能力雜誌 524：24。

廖志德（2005）。以我為尊 引爆行銷新潮流。經濟日報（2005/07/10）。 Available at: http: //udn.com/NEWS/FINANCE/FIN11/2779374. shtml。（Visited October 5, 2005）。

廖志德（發表年不詳）。ROI 導入 CRM 真的值得嗎? Available at: http: //dsa.dsc.com.tw/learning/sales/crm_s3.asp。（Visited August

31, 2005）。

劉士豪（發表年不詳）。顧客關係管理系統。Available at: eb.mis. cycu.edu.tw/esharp_admin/teach/Uploadfile/.../CRM.PPT。 （Visited June 12, 2005）。

劉建勛（發表年不詳）。顧客服務部——先導發展顧客關係〈一〉。 Available at: http://www.or.com.tw/mz/down_mz_7/down_mz_7-63. htm。（Visited June 10, 2006）

劉嘉（2000）。網絡環境下的圖書館。圖書與資訊學刊 33：81-95。

鄭詔文（2003）。選擇最佳的CRM方案。Available at: http: //www. ectimes.org.tw/readpaper.asp?id=5441。（Visited August 31, 2005）。

賴忠勤（2002）。電子商務技術與架構對圖書館之影響應用。書苑 51：56。

謝寶煖（1998）。行銷圖書館與資訊服務。圖書資與資訊學刊 27： 40-54。

邁向顧客關係管理的時代（2001）。EMBA 世界經理文摘 180：86。

鍾翠玲（2002）。M化CRM大行其道。Available at: http://taiwan.cnet. com/computer/news/0,2000068663,20036363,00.htm。（Visited August 31, 2005）。

顏嘉惠 2002。資料挖礦於圖書館行銷及顧客關係管理之應用。圖書 與資訊學刊 42：58-68

羅南‧史威福/賴士奇等譯（2001）。深化顧客關係管理。遠擎。

關係行銷文獻集（2005）。線上分析處理。Available at: http://www. surfgold.com.tw/main/hub_articles_04olap.asp。（Visited August 12, 2006）。

寶來證券。（2001）。21世紀—顧客導向的世紀首重 CRM 規畫。 Available at: http://www.polaris.com.tw/3good/rdroom/report/ 900202_crm.htm。（Visited August 11, 2006）。

蘇守謙（2001）。CRM從顧客價值分析開始。能力雜誌 566（ 6 月）：138-143。

顧敏（1998）。<u>現代圖書館學探討</u>。學生書局。
欒斌、羅凱揚（2002）。<u>電子商務</u>。滄海。
欒斌、羅凱揚（2005）。<u>電子商務</u>。滄海。

英文參考資料

Akers, M. D., and Porter, G. L. (1995). Strategic Planning at Five World-Class Companies. <u>Management Accounting</u> 77(1): 24-31.

Angus, J. *et al*. (1998). Knowledge Management: Great Concept but What is it? <u>Information Week</u> (March 16), Available at: http://www.informationweek.com/673/73olkno.htm. (Visited November 11, 2003).

Badaracco, J. L. (1991). <u>The Knowledge Link: How Firms Compete through Strategic Alliances</u>. Harvard Business School Press.

Berry, L. (1980). Services Marketing is Different. <u>Business</u> (May/June): 24-30.

Berry, L. *et al*. (1983). <u>Relationship Marketing</u>. American Marketing Association.

Bhatia, A. (1999). A Roadmap to Implementation of Customer Relationship Management, CRM. IT toolbox Portal for CRM. Available at: http://crm.ittoolbox.com/documents/document.asp?i=361. (Visited December 14, 2004).

Booms, B. H., and Bitner, M. J. (1981). Marketing Strategies and Organization Structures for Service Firms. In Donnelly, J. H., and George, W. R. (eds.), <u>Marketing of Services</u>: 47-51. American Marketing Association.

Borden, N. H. (1964). The Concept of the Marketing Mix. <u>Journal of Advertising Research</u> (June): 2-7.

Bose, R. (2002). Customer Relationship Management: Key Components for IT Success. Industrial Management & Data Systems 102(2): 89-97.

Bradshaw, D., and Brash, C. (2001). Management Customer Relationships in the e-Business World: How to Personalise Computer Relationships for Increased Profitability. International Journal of Retail & Distribution Management 29(12): 520-30.

Broady-Preston, J. *et al.* (2006). Building better customer relationships: case studies from Malta and the UK. Library Management 27(6/7): 430-445.

Brunner, G. C. II. (1989). The Marketing Mix: Time for Reconceptualization. Journal of Marketing Education 11(Summer): 72-77.

Burns, J. (1995). Developing and Implementing a Customer Contact Strategy. Managing Service Quality 5(4): 44-48.

Chaffey, D. *et al.* (2000). Internet Marketing. Prentice-Hall.

Chattopadhyay, S. P. (2001). Relationship Marketing in an Enterprise Resource Planning Environment. Marketing Intelligence & Planning 19(2): 136-9.

Crawford, W., and Gorman, M. (1995). Future Libraries: Dreams Madness & Reality. American Library Association.

Cross, R., and Parker, A. (2004). The Hidden Power of Social Networks. Harvard Business School Press.

Davenport, *et al.* (2001). How do they Know their Customers So Well? MIT Sloan Management Review 42(2): 63-73.

Davenport, T., and Prusak, L. (1998). Working Knowledge: How Organizations Manage What They Know. Harvard Business School Press.

Davids, M. (1999). How to Avoid the 10 Biggest Mistakes in CRM. Journal of Business Strategy (November/December): 22-26.

Day, R. L. (1984). Modeling Choices among Alternative Responses to Dissatisfaction. In Kinnear, T. C. (eds.), Advances in Consumer

Research: 496-499. Association for Consumer Research.

Demarest, M. (1997). Understanding Knowledge Management. Long Range Planning 30(3): 374-384.

Druck, P. (1993). Post-Capitalist Society. HarperCollins.

Duff, B. (1996). Document Management Offers Security and Order for Intranet Information. IIE Solutions 28(12): 28-31.

Evans, J., and Laskin, R. (1994). The Relationship Marketing Process: A Conceptualization and Application. Industrial Marketing Management 23: 439-452.

Flagg, G. (2001). Libraries Launch 24/7 E-Reference Services. American Libraries 32(August): 16-17

Fox, T, and Stead, S. (2001). Customer Relationship Management: Delivering the Benefits. Available at: http://www.crmuk.co.uk/ downloads/CRM01.pdf#search='Tricia%20Fox%2C%20Steve%20St ead%20%28CRM%20%28UK%29%20Ltd'. (Visited June 21, 2002).

Franklin, S., and Graesser, A. (1996). Is it an Agent, or just a Program?: A Taxonomy for Autonomous Agents. In Proceedings of the Third International Workshop on Agent Theories, Architectures, and Languages. Springer-Verlag.

Frappaolo, C. (1998). Defining Knowledge Management: Four Basic Functions. Computerworld 32(February 23): 80.

Garcia, M. R. (1997). Knowledge Central. Information Week 649: 252-256.

Gebert, H. et al. (2003). Knowledge-Enabled Customer Relationship Management: Integrating Customer Relationship Management and Knowledge Management Concepts. Journal of Knowledge Management 7(5): 107-123.

Ghaphery, J. et al. (2001). Personalized Information Clients: Short Answers to Simple Questions about "My Library" Services. Reference Services Review 29(4): 276-281.

Giddens, A. (1987). Social Theory and Modern Sociology. Polity.

Greenberg, P. (2001). CRM at the Speed of Light: Capturing and Keeping Customers in Internet Real Time. Osborne/McGraw-Hill.

Grönroos, C. (1984). A Service Quality Model and Its Marketing Implications. European Journal of Marketing 18(4): 36-44.

Grönroos, C. (2000). Service Management and Marketing: A Customer Relationship Management Approach. John Wiley & Sons.

Grönroos, C. et al. (2000). The NetOffer Model: A Case Example from the Virtual Marketspace. Management Decision 38(4): 243-52.

Gurău, C. (2003). Tailoring e-Service Quality through CRM. Managing Service Quality 13(6): 520-231.

Gustin, C. M. et al. (1994). Computerization Supporting Integration. International Journal of Physical Distribution & Logistics Management 24(1): 11-16.

Han, L., and Goulding, A. (2003). Information and Reference Services in the Digital Library. Information Services & Use 23:251-262.

Heidegger, M. (1977). The Question Concerning Technology and Other Essays. Harper and Row.

Hoag, T. J., and Cichanowicz, E. M. (2001). Going Prime Time with Live Chat Reference. Computers in Libraries 21(September): 40-44.

Housel, T., and Bell, A. H. (2001). Measuring and Managing Knowledge. McGraw-Hill/Irwin.

Kalakota, R., and Robinson, M. (1999). E-Business Roadmap for Success. Addision Wesley.

Kalakota, R., and Robinson, M. (2001). E-Business 2.0: Roadmap for Success. Addison-Wesley.

Kalakota, R., and Whinston, A. B. (1997). Electronic Commerce: A Manager's Guide. Addison-Wesley.

Keating, J. J., and Hafner, A. W. (2002). Supporting Individual Library Patrons with Information Technologies: Emerging One-to-One Library Services on the College or University Campus. Journal of

Academic Librarianship 28(November): 426-429.

Kotler, P. (2000). Marketing Management. Prentice-Hall.

Kotler, P., and Armstrong, G. (1998). Principles of Marketing. Prentice Hall.

Kotorov, R. P. (2002).Ubiquitous Organization: Organizational Design for e-CRM. Business Process Management Journal 8(3): 218-232.

Lauterborn, R. (1990). New Marketing Litany: 4P's Passe; C Words Take over. Advertising Age (October): 26.

Lehtinen, U., and Lehtinen J. (1982). Service Quality, a Study of Quality Dimensions. Helsinki Finland.

Levine, S. (2000). The Rise of CRM. America's Network 104(6): 34.

Levitt, T. (1983). After the Sale is over. Harvard Business Review 63(5): 87-93.

McCarthy, J. (1960). Basic Marketing: A Managerial Approach. Irwin.

McKenna, R. (1991). Relationship Marketing. Addison-Wesley.

Mitskavich, D. (1996). A 'Joyful Ride' in Uncertain Times. Manufacturing Systems 14(4): 88-89.

Möller, K., and Halinen, A. (2000). Relationship Marketing Theory: Its Roots and Direction. Journal of Marketing Management 16(1-3): 29.

Moyo, L. M. (2002). Reference Anytime Anywhere: Towards Virtual Reference Services at Penn State. The Electronic Library 20(1): 22-28.

Nonaka, Ikujiro, and Takeuchi, Hirotaka. (1993). A Theory of Organizational Knowledge Creation. International Journal of Technology Management 11: 833-846.

Nonaka, Ikujiro, and Takeuchi, Hirotaka. (1995). The Knowledge-Creating Company. Oxford University Press.

Ody, P. (2000). Selling a New Strategy. Financial Times Supplement (Spring): 6-7.

Parvatiyar, A., and Sheth, J. N. (2000). Conceptual Framework of Customer Relationship Management. In Sheth, J. N. et al. (eds.), Customer

Relationship Management: Emerging Concepts, Tools and Applications: 3-25. Tata McGraw-Hill.

Payne, A. *et al.* (1999). Relationship Marketing for Competitive Advantage. Butterworth-Heinemann.

Peppers, D. *et al.* (1999). Is Your Company Ready for One-to-One Marketing? Harvard Business Review 77(1): 151-160.

Peppers, D., and Rogers, M. (1993). The One to One Future, Building Relationship One Customer at a Time. Doubleday.

Peppers, D., and Rogers, M. (2000). The One to One Manager: Real-World Lessons in Customer Relationship Management. Doubleday.

Peppers, D., and Rogers, M. (2001). One to One B2B. Available at: http://www.randomhouse.com/doubleday/currency/catalog/display.pperl?isbn=9780385502306. (Visited June20, 2006).

Perrien, J., and Richard, L. (1995). The Meaning of a Marketing Relationship: A Pilot Study, Industrial Marketing Management 24: 37-43.

Porter, M. E., and Millar, V. E. (1985). How Information Gives Competitive Advantage. Harvard Business Review 63(4): 110-18.

Quinn, J. B. (1992). Intelligent Enterprise: A Knowledge and Service Based Paradigm for Industry. Free Press.

Quintas, P. (1997). Knowledge Management: A Strategic Agenda. Long Range Planning 30(3): 385-391.

Ranganathan, S. R. (1963). The Five Laws of Library Science. Asia Publishing House.

Reeves, L. *et al.* (2003). Faculty Outreach: A Win-Win Proposition. In Kelsey, P., and Sigrid, K. (eds.), Outreach Services in Academic and Special Libraries: 57-68. Haworth Information Press.

Reichheld, F. F. *et al.* (2000). The Loyalty Effect – The Relationship between Loyalty and Profits. European Business Journal 12(3) :134-41.

Roth, G. and Kleiner, A. (1998). Developing Organizational Memory through Learning Histories. Organizational Dynamics (Autumn):

43-59.

Rowley, J. E. (2002). ECRM through your Website. Library & Information Update 1(April): 44-45.

Ryals, L., and Payne, A. (2001). Customer Relationship Management in Financial Services: Towards Information-Enabled Relationship Marketing. Journal of Strategic Marketing 9: 3-27.

Schwede, S. (2000). Vision und Wirklichkeit von CRM. Information Management & Consulting 15(1): 7-11.

Scully, J., and Fawcett, S. E. (1993). Comparative Logistics and Production Costs for Global Manufacturing Strategy. International Journal of Operation & Production Management 13(12): 62-78.

Shani, D., and Chalasani, S. (1992). Exploiting Niches Using Relationship Marketing. The Journal of Consumer Marketing 9(3): 33-42.

Skyrme, D. J., and Amidon, D. M. (1997). Creating the Knowledge-based Business. Business Intelligence.

Slack, J. (1984). Communication Technologies and Society: Conceptions of Causality and the Politics of Technological Intervention. Ablex.

Spek R., and Spijkervet, A. (1997). Knowledge Management: Dealing Intelligently with Knowledge. In Liebowitz, A.W. (ed.), Knowledge Management and Its Integrative Elements. CRC Press.

Stefanou, C. J. (2001). Organizational Key Success Factors for Implementing SCM/ERP Systems to Support Decision Making. Journal of Decision Systems 10(1): 49-64.

Stefanou, C. J. et al. (2003). CRM and Customer-Centric Knowledge Management: An Empirical Research. Business Process Management Journal 9(5): 617-634.

Swift, R.S. (2001). Accelerating Customer Relationships Using CRM and Relationship Technologies. Prentice Hall.

Thurow, L. (1998). Building Wealth. Happer Collins Publishers.

Watson, S. (1998). Getting to 'aha!. Computer World 32(4): S1-S2.

Wells, J. D. *et al.* (1999). Managing Information Technology (IT) for One-to-One Customer Interaction. Information and Management 35: 53-62.

Winner, L. (1977). Autonomous Technology: Techniques-out-of-Control as a Theme in Political Thought. MIT Press.

Young, C. L., and Diaz, K. R. (1999). E-Reference: Incorporation Electronic Publications into Reference. Library Hi Tech 17(November): 55-62.

『PISC』系統功能畫面

本附錄為「網際網路讀者服務中心（PISC， Patron Internet Service Center）」之雛型系統(Prototype System)介面畫面。【詳參http://210.66.39.251/cisc24/visitor/v_welcome.asp】茲分為使用者前端系統與管理者後端系統兩大部份展現雛型系統之操作畫面，如下兩小節列出。

第一節　PISC讀者端系統畫面

一、PISC 圖書館客服系統主畫面

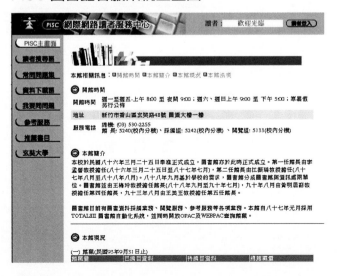

二、讀者登入

讀者： 歡迎光臨 （讀者登入）

PISC 網際網路讀者服務中心

PISC主畫面
讀者搜尋區
常問問題集
資料下載區
我要問問題
參考服務
推薦書目
玄奘大學

▶ 讀者登入

（新讀者註冊）

請輸入電子郵件信箱和密碼.

電子郵件地址：[   ]
密碼：[   ]   （傳送）

忘記密碼 ②

©Copyright 2004 三趨科技 . 版權所有

三、新讀者註冊

讀者： 歡迎光臨 （讀者登入）

PISC 網際網路讀者服務中心

PISC主畫面
讀者搜尋區
常問問題集
資料下載區
我要問問題
參考服務
推薦書目
玄奘大學

▶ 新讀者註冊

＊名字：[   ]   電話：[   ]
URL：[   ]   傳真：[   ]
地址：[   ]   ＊電子郵件地址：[   ]
市：[   ]   ＊密碼：[   ]
縣市：[   ]   ＊請重新輸入密碼：[   ]
郵遞區號：[   ]   密碼提示語：[   ]
＊國家：[-選擇您的國家-◆]   答案題示：[   ]

讀者證號：[   ]   身份證字號：[   ]
單位科系代碼：[   ]

（加入）（清除）（取消）

四、讀者搜尋區

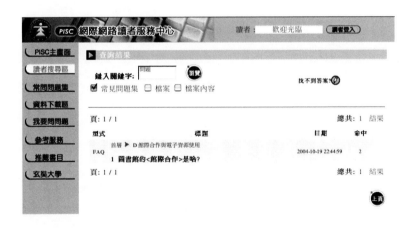

五、常問問題集

D 館際合作與電子資源使用

編號	問題	最後更新日期	命中
6.	2 校外也可以使用圖書館的線上資源嗎?	2004-10-19 22:47:16	0
7.	1 圖書館的<館際合作>是啥?	2004-10-19 22:44:59	4

E 其他

編號	問題	最後更新日期	命中
8.	22 如何預約圖書?	2004-10-19 22:56:14	0
9.	21 找不到書, 怎麼辦?	2004-10-19 22:56:04	0
10.	20 如何辦理續借?	2004-10-19 22:55:40	0
11.	17 圖書的排列方式	2004-10-19 22:55:03	0
12.	11 目錄查詢出來的書不一定可以借?	2004-10-19 22:53:34	0
13.	10 過期期刊不在架上如何尋找?	2004-10-19 22:53:27	4
14.	6 圖書館是否提供磁片列印, 是不是每台電腦均可?	2004-10-19 22:52:31	0
15.	4 如何收到圖書館的各項週知?	2004-10-19 22:52:15	0

頁 : 1 / 1   總共 : 15 結果

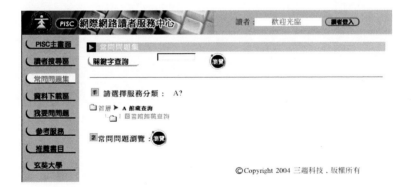

六、資料下載區

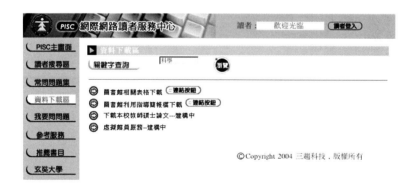

PISC 網際網路讀者服務中心　　　　讀者： 歡迎光臨　（讀者登入）

- PISC主畫面
- 讀者搜尋區
- 常問問題集
- 資料下載區
- 我要問問題
- 參考服務
- 推薦書目
- 玄奘大學

▶ 查詢無結果

服務類別： 所有服務類別
檔案類別： 所有的檔案分類　　　　　　　　找不到答案?
關鍵字： 科學

對不起！沒有相關的資料！

（重找）

玄奘大學圖書館　　　　　　　　　　（玄奘首頁）（English）
http://www.lib.hcu.edu.tw　　　Library of Hsuan Chuang University
　　　　　　　　　　　　　・回首頁 ・最新消息 ・關於本館　・常問問題
　　　　　　　　　　　　　　　　　　　　　　　　　　　　・電子報

表格下載

表格名稱	下載格式	備註
兼任教師借書申請單	word 版	
特藏資料借閱申請單	word 版	
推廣部學員借書申請單	word 版	
教師指定參考書調查表	word 版	
未編圖書資料優先處理申請單	word 版	
圖書推薦單	word 版	
視聽資料外借申請單	word 版	
校友借書申請單	word 版	
圖書賠償單	word 版	
遺失光碟記錄單	word 版	
圖書借閱委託書	word 版	
玄奘圖書館服務介紹	下載	

Get Acrobat Reader

PDF版文件使用Acrobat Reader瀏覽，如無此軟體請先行下載 Adobe Acrobat Reader

新生圖書館導覽：各系教師於新生入學時，向本館閱覽組申請，由本館參考館員根據該系課程設計導覽流程並進行導覽。

資料庫研習活動：閱覽組根據讀者需求，並選擇常用或新訂資料庫舉辦定期的研習活動。

課程名稱	講義	格式
玄奘圖書館服務介紹	下載	簡報檔(PPT)
如何利用圖書館-大專系	下載	簡報檔(PPT)
如何利用圖書館-大傳研究所	下載	簡報檔(PPT)
如何利用圖書館-新聞系	下載	簡報檔(PPT)
如何利用圖書館-企管系	下載	簡報檔(PPT)
如何利用圖書館-企管研究所	下載	簡報檔(PPT)
教學資源與個人研究資源應用	下載	簡報檔(PPT)
如何利用圖書館-企管研究所	下載	簡報檔(PPT)
如何利用圖書館-資管系	下載	簡報檔(PPT)

開館時間：週一至週五上午8:00至夜間9:00；週六、週日上午9:00至下午5:00；寒暑假另行公佈
圖書館地址：新竹市香山區玄奘路48號 圖資大樓一樓
服務電話：總機：(03) 530-2255
　　　　　館長：5240(校內分機)、採編組：5242(校內分機)、閱覽組：5133(校內分機)
聯絡信箱：acq@hcu.edu.tw
本網頁更新時間：2004年9月29日

七、我要問問題

八、參考服務

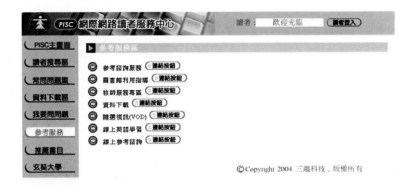

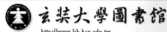

玄奘大學圖書館
http://www.lib.hcu.edu.tw

Library of Hsuan Chuang University

玄奘首頁
English

回首頁 · 最新消息 · 關於本館 · 常問問題
· 電子報

教師服務

MIT開放式課程(Open Course Ware)中文版
書刊查詢
書刊推薦
讀者個人借閱狀況查詢
資料庫檢索
電子期刊
視聽資料查詢
SCI、SSCI、AHCI的Master Journal list
政府研究資訊系統
教師指定參考書推薦辦法 / 推薦單下載
教師借書辦法
視聽資料及設備使用規則
教職員著作目錄
圖書館利用講習課程

玄奘大學圖書館
http://www.lib.hcu.edu.tw

Library of Hsuan Chuang University

玄奘首頁
English

回首頁 · 最新消息 · 關於本館 · 常問問題
· 電子報

VOD 隨選視訊

請使用QuickTime來觀賞，以下影片只限在校園網域內觀賞，建議使用麥金塔電腦的QuickTime來觀賞，以獲得最佳觀賞品質。

關鍵字檢索： [　　　　] [送出]

片名	長度(小時)	類型	主演	播放
X接觸-來自異世界(EXISTENZ)	1.37	科幻	珍妮佛傑森李 裘德洛	上集 下集
人，性本色(Humanity)	2.28	文藝	艾曼鈕斯高提 賽芙琳卡尼爾	上集 下集
大快人心(FUNNY GAME)	1.48	驚悚	Susanne Lothar/Ulrich M?he	上集 下集
天使熱愛的生活(LA VIE REVEE DES ANGES)	1.53	文藝	艾洛蒂邦匹 娜塔沙格妮	上集 下集
天雷勾動地火(Trick)	1.33	文藝	克里平坎貝爾 約翰保羅皮托克	上集 下集

九、推薦書目

十、玄奘大學

第二節　PISC管理端系統畫面

PISC管理端系統畫面(http://210.66.39.251/cisc24/admin/loginforma.asp)。

一、Login 畫面

PISC: Internet Service Center

[版本資訊]

登入失敗!
請重新輸入您的帳號及密碼

管理者端館員登入

館員帳號：Admin

密碼：

登入

二、主畫面

PISC: Internet Service Center

[版本資訊]
[線上輔助說明]

使用者：System Admin　登出

系統管理端首頁

FAQ	常見問題集 管理常見問題知識庫。		讀者資料 管理您的讀者資料及讀者群組。
	檔案儲存櫃 管理檔案儲存櫃的檔案及檔案夾。		館員資料 管理館員的個人資料及其使用權限。
?	讀者詢問管理 處理來自您的讀者詢問的問題。		區域/國家管理 管理區域分類可以應用在自動任務指派。
	工作任務指派管理 設定任務分派規則即自動將讀者詢問的問題分派給指定的館員。		通訊錄 管理您的個人通訊錄。
	類別管理 管理各種系統類別，包括服務類別、檔案類別、問題根源類別及微視類別等。		系統設定 調整系統參數及修改通知短郵件之內容。
	報表 產生各種的統計報表來即時呈現ISC系統的運作狀況。		多國語系設定 管理讀者端語言顯示方式及內容
	推薦書刊 管理推薦書刊		

三、常見問題集

（一）總覽

問題編號	服務類別/問題	最後更新日期	有幫助/無幫助
C1101425	首層 ▶ E 其他 音樂測試	2004-10-20 14:21:42	0/1
C1081329	首層 ▶ E 其他 圖片測試	2004-10-20 14:21:00	0/11
C1095193	首層 ▶ E 其他 影片測試2	2004-10-20 14:17:33	0/3
C230389	首層 ▶ E 其他 22 如何預約圖書?	2004-10-19 22:56:14	0/0
C242724	首層 ▶ E 其他 21 找不到書，怎麼辦？	2004-10-19 22:56:04	0/0
C221595	首層 ▶ E 其他 20 如何辦理續借？	2004-10-19 22:55:40	0/0
C268812	首層 ▶ E 其他 19 圖書館的網址？	2004-10-19 22:55:27	0/0
C273204	首層 ▶ E 其他 18 密碼忘記了？	2004-10-19 22:55:19	0/0
C281923	首層 ▶ E 其他 17 圖書的排列方式	2004-10-19 22:55:03	0/0
C301697	首層 ▶ E 其他 16 如何反應意見？	2004-10-19 22:54:49	0/0
C317029	首層 ▶ E 其他 15 如何修改個人基本資料？	2004-10-19 22:54:42	0/0
C328652	首層 ▶ E 其他 14 展示書例時展示及撤架,可否預約的？	2004-10-19 22:54:14	0/0
C335973	首層 ▶ E 其他 13 如何借閱期刊？	2004-10-19 22:53:50	0/0
C346774	首層 ▶ E 其他 12 被借閱仍在處理中的新書該怎麼辦?	2004-10-19 22:53:42	0/0
C358676	首層 ▶ E 其他 11 目錄查詢出來的書不一定可以借*	2004-10-19 22:53:34	0/0

頁次 1 / 6　上頁　下頁　1　2　3　4　5

編輯常見問題

問題編號: C1101425

建立: 2004-10-20 14:21:42 (System Admin)　　有幫助/無幫助 點選記數: 0/0

最後更動: 2004-10-20 14:21:42 (System Admin)　　點選次數: 1

服務類別: ▶ 首層 ▶ E 其他

問題: 音樂測試

解答: 音樂

編輯　　存取權限　　回上頁

（二）類別瀏覽

常見問題

　類別瀏覽　　搜尋　　熱門區

服務種類: 首層

- A 館藏查詢
- E 其他
- D 館際合作與電子資源使用
- C 參考問題詢與參考服務
- B 圖書館電腦使用與資訊系統

類別瀏覽

查無資料。

(三)搜尋

(四)暫存區

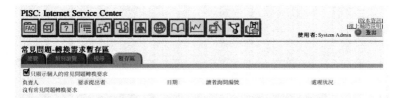

四、檔案儲存櫃

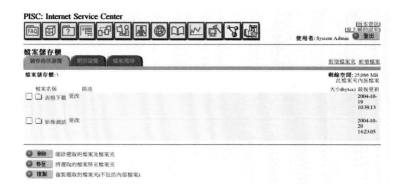

(一) 類別瀏覽

(二) 檔案搜尋

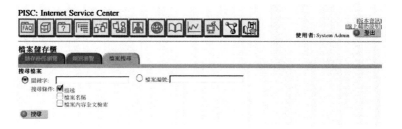

五、讀者詢問一覽表

(一) 總覽

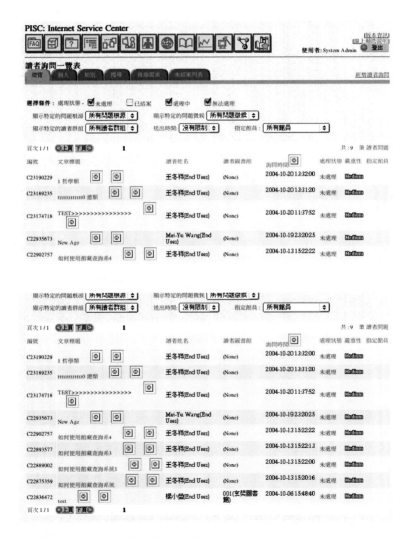

（二）個人

（三）類別

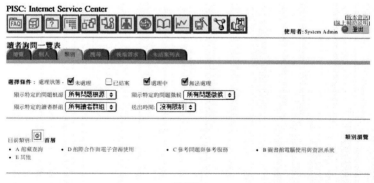

(四) 搜尋

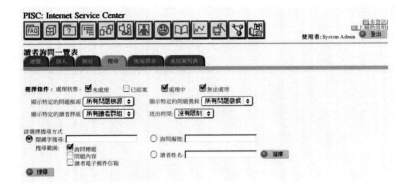

(五) 後端需求

（六）未結案列表

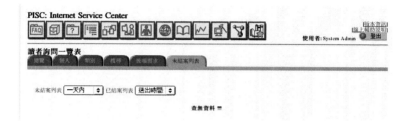

六、類別管理

（一）服務類別

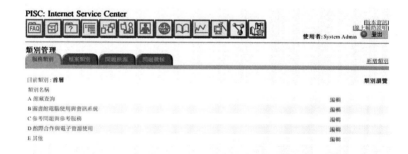

（二）檔案類別

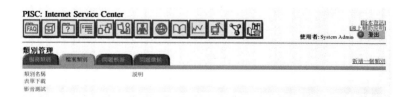

（三）問題根源

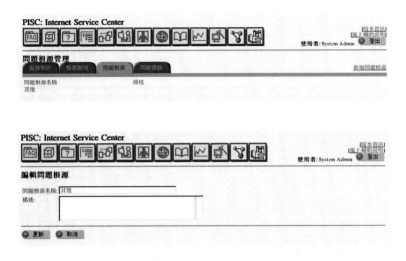

（四）問題徵候

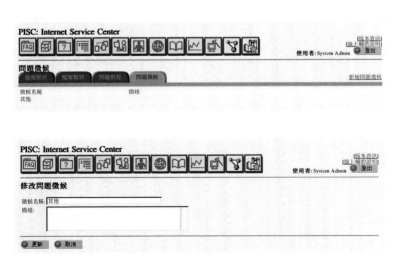

七、任務指派管理

（一）區域

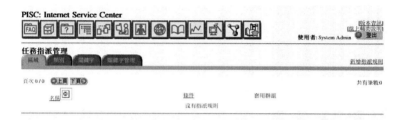

（二）類別

PISC: Internet Service Center

使用者：System Admin　[版本資訊]　[線上輔助說明]　登出

工作任務指派
指派規則:規則一

類別 Home	館員	
A 館藏查詢	組員 朱祁玫	指派
└ 1 圖書館館藏查詢	組員 朱祁玫	指派
B 圖書館電腦使用與資訊系統	組員 王冬祥	指派
C 參考問題與參考服務	組員 王秀梅	指派
─ 0 總類	組員 王秀梅	指派
─ 1 哲學類	組員 王秀梅	指派
─ 2 宗教類	組員 王秀梅	指派
─ 3 自然科學類	組員 王秀梅	指派
─ 4 應用科學類	組員 王秀梅	指派
─ 5 社會科學類	組員 王秀梅	指派
─ 6 史地類(中國)	組員 王秀梅	指派
─ 7 史地類(世界)	組員 王秀梅	指派
─ 8 語文類	組員 王秀梅	指派
─ 9 藝術類	組員 王秀梅	指派
D 館際合作與電子資源使用	組員 王秀梅	指派

指派規則:規則二

類別 Home	館員	
A 館藏查詢	組員 朱祁玫	指派
└ 1 圖書館館藏查詢	組員 朱祁玫	指派
B 圖書館電腦使用與資訊系統	組員 王冬祥	指派
C 參考問題與參考服務	組員 王秀梅	指派
─ 0 總類	組員 王秀梅	指派
─ 1 哲學類	組員 王秀梅	指派
─ 2 宗教類	組員 王秀梅	指派
─ 3 自然科學類	組員 王秀梅	指派
─ 4 應用科學類	組員 王秀梅	指派
─ 5 社會科學類	組員 王秀梅	指派
─ 6 史地類(中國)	組員 王秀梅	指派
─ 7 史地類(世界)	組員 王秀梅	指派
─ 8 語文類	組員 王秀梅	指派
─ 9 藝術類	組員 王秀梅	指派
D 館際合作與電子資源使用	組員 王秀梅	指派
E 其他	閱覽組組長 林孟玲	指派

（三）關鍵字

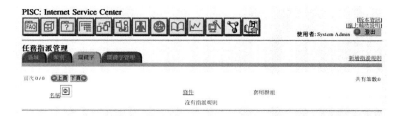

（四）關鍵字管理

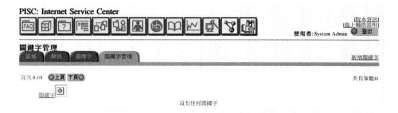

八、館員管理

（一）館員總覽

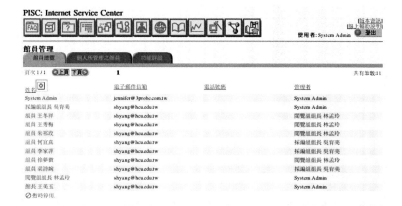

（二）個人所管理之館員

（三）系統群體

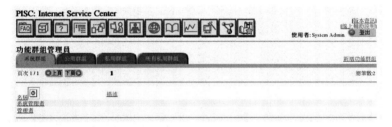

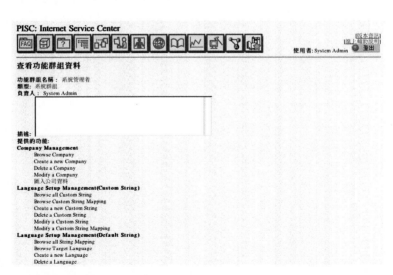

CRM
與圖書館讀者服務

Language Setup Management(Default String)
- Browse all String Mapping
- Browse Target Language
- Create a new Language
- Delete a Language
- Modify a Language
- Modify String Mapping

公用通訊錄管理
- 列出公用之通訊錄
- 刪除收件人
- 修改收件人資料
- 新增收件人至通訊錄

功能群組管理
- 列出所有公用功能群組
- 列出所有私有功能群組
- 刪除指定之公用群組
- 刪除指定之私有功能群組
- 查看私有功能群組
- 查看系統功能群組
- 修正公用功能群組資料
- 修正私有功能群組資料
- 新增公用群組
- 新增私有功能群組

系統資訊管理
- 自訂服務人員資料欄位
- 自訂客戶問題資料欄位
- 自訂客戶資料欄位
- 客戶化文字
- 修改系統參數

客戶問題管理
- 以關鍵字搜尋客戶問題
- 由客戶問題產生後端支援表格
- 回覆客戶問題
- 刪除客戶問題
- 修改客戶問題
- 將客戶問題轉派給其他員工
- 將客戶問題移至常見問題集
- 新增客戶問題
- 瀏覽客戶問題
- 關閉客戶問題

客戶群組管理
- 刪除客戶群組
- 查看所有客戶群組資料
- 修改客戶群組資料
- 新增客戶群組

客戶群組類型管理
- 刪除客戶群組類型
- 查看所有客戶群組類型
- 修改客戶群組類型
- 新增客戶群組類型

客戶管理
- 刪除客戶
- 查看所有客戶資料
- 修改客戶資料
- 新增客戶

客服員工管理
- 刪除員工
- 查看所有員工
- 查看指定管理者所管理的員工
- 修改員工資料
- 新增員工

後端支援表格管理
- 刪除後端支援表格
- 查看所有後端支援表格
- 修改後端支援表格
- 提出新的後端支援表格

報表管理
- 刪除報表格式
- 查看所有報表格式
- 修改報表格式
- 新增報表格式
- 顯示報表內容

新聞郵件管理
- 刪除新聞郵件
- 查看所有新聞郵件
- 新增新聞郵件並同時寄出

檔案儲存櫃
- 上傳新檔
- 以目錄的方式瀏覽檔案
- 以類別的方式瀏覽檔案
- 刪除目錄
- 刪除檔案
- 取代現有檔案
- 指定檔案存取權限
- 重新命名目錄
- 將檔案移至另一目錄
- 搜尋檔案
- 新增目錄

檔案類別
- 刪除檔案類別
- 查看所有檔案類別
- 修改檔案類別
- 新增檔案類別

關鍵字管理
- 刪除關鍵字
- 查看所有關鍵字
- 修改關鍵字
- 新增關鍵字

取消

PISC: Internet Service Center

查看功能群組資料

功能群組名稱： 管理者
類型： 系統群組
負責人： System Admin

描述：
提供的功能：

Company Management
  Browse Company
  Create a new Company
  Delete a Company
  Modify a Company
  匯入公司資料

Language Setup Management(Custom String)
  Browse all Custom String
  Browse Custom String Mapping
  Create a new Custom String
  Delete a Custom String
  Modify a Custom String
  Modify a Custom String Mapping

Language Setup Management(Default String)
  Browse all String Mapping
  Browse Target Language
  Create a new Language
  Delete a Language

客戶群組管理
  刪除客戶群組
  查看所有客戶群組資料
  修改客戶群組資料
  新增客戶群組

客戶群組類型管理
  刪除客戶群組類型
  查看所有客戶群組類型
  修改客戶群組類型
  新增客戶群組類型

客戶管理
  刪除客戶
  查看所有客戶資料
  修改客戶資料
  新增客戶

客服員工管理
  刪除員工
  查看所有員工
  查看指定管理者所管理的員工
  修改員工資料
  新增員工

後端支援表格管理
  刪除後端支援表格
  查看所有後端支援表格
  修改後端支援表格
  提出新的後端支援表格

區域管理
  列出所有區域
  刪除區域
  修改區域資料 (區域名稱與屬於該區域之國家)
  新增區域

問題指派規則管理
  刪除問題指派規則
  查看所有問題指派規則
  問題指派規則的條件設定
  新增問題指派規則

問題根源類別管理
  刪除問題根源類別

183

（四）功用群組

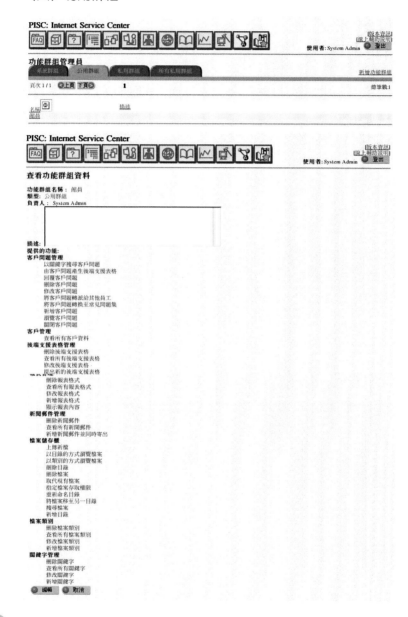

區域管理
　　列出所有區域
　　刪除區域
　　修改區域資料 (區域名稱與屬於該區域之國家)
　　新增區域
問題指派規則管理
　　刪除問題指派規則
　　查看所有問題指派規則
　　問題指派規則的條件設定
　　新增問題指派規則
問題根源組別管理
　　刪除問題根源類別
　　查看所有問題根源類別
　　修改問題根源類別
　　新增問題根源類別
問題徵候管理
　　刪除問題徵候管理
　　查看所有問題徵候管理
　　修改問題徵候管理
　　新增問題徵候管理
國家管理
　　刪除國家
　　修改國家資料
　　新增國家
　　瀏覽全部國家
常見問題集等待區(FAQ Queue)管理
　　瀏覽所有常見問題集等待區
常問問題集(FAQ)管理
　　以分類的方式瀏覽常問問題集
　　刪除常問問題
　　修改常問問題
　　設定常問問題集的存取權限
　　搜尋常問問題集
　　新增常問問題
產品分類管理
　　刪除產品類別
　　建立新的產品類別

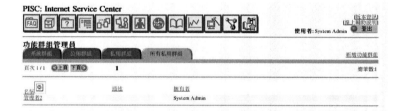

九、讀者列表

（一）讀者總覽

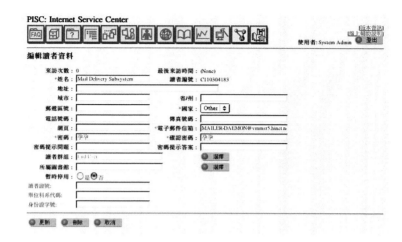

（二）搜尋

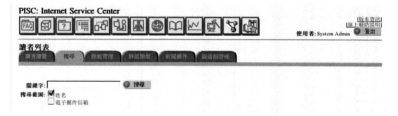

（三）群組管理

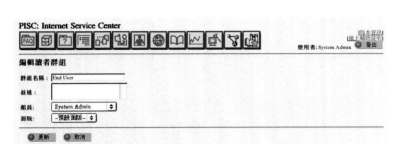

（四）群組類型

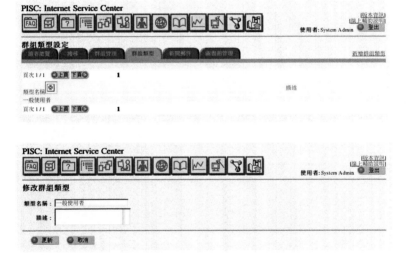

（五）新聞郵件

（六）圖書館管理

PISC: Internet Service Center

[版本資訊]
[線上輔助說明]
使用者：System Admin　登出

圖書館列表

| 讀者總覽 | 搜尋 | 群組管理 | 群組規劃 | 新聞郵件 | 圖書館管理 |

新增圖書館

圖書館名稱：[　　　　　　]　● 搜尋

頁次 1/1　● 上頁　下頁 ●　　1　　　　　　　　　　　　　　　　共：1　筆 圖書館資料

圖書館代號 ◎　　　　　圖書館簡稱　　　　聯絡人　　電話-1　　電子郵件　　統一編號
001　　　　　　　　　　　　玄奘圖書館
頁次 1/1　● 上頁　下頁 ●　　1

PISC: Internet Service Center

[版本資訊]
[線上輔助說明]
使用者：System Admin　登出

編輯圖書館資料

*圖書館代號：001	負責人：[　]
圖書館簡稱：玄奘圖書館	圖書館全名：[　]
聯絡人：[　]	傳真：[　]
電話-1：[　]	電話-2：[　]
電子郵件：[　]	統一編號：[　]
通訊地址-1：[　]	
通訊地址-2：[　]	
發票地址-1：[　]	
發票地址-2：[　]	
送貨地址：[　]	

包含的讀者：
頁次 1/148　● 上頁　下頁 ●　　● 1　2　3　4　5 ●　　共：2213 筆 讀者資料

姓名 ◎	電子郵件信箱	群組
test01	test01@mail2.hcu.edu.tw	End User 玄奘
test02	test02@mail2.hcu.edu.tw	End User 玄奘
test04	test04@mail2.hcu.edu.tw	End User 玄奘
test05	test05@mail2.hcu.edu.tw	End User 玄奘
test06	test06@mail2.hcu.edu.tw	End User 玄奘
test07	test07@mail2.hcu.edu.tw	End User 玄奘
test08	test08@mail2.hcu.edu.tw	End User 玄奘
test09	test09@mail2.hcu.edu.tw	End User 玄奘
test13	test13@mail2.hcu.edu.tw	End User 玄奘
test14	test14@mail2.hcu.edu.tw	End User 玄奘
test15	test15@mail2.hcu.edu.tw	End User 玄奘
test16	test16@mail2.hcu.edu.tw	End User 玄奘
test17	test17@mail2.hcu.edu.tw	End User 玄奘
test18	test18@mail2.hcu.edu.tw	End User 玄奘
test19	test19@mail2.hcu.edu.tw	End User 玄奘

⊘暫時停用
頁次 1/148　● 上頁　下頁 ●　　● 1　2　3　4　5 ●

● 更新　● 刪除　● 取消

十、區域／國家管理

（一）區域

PISC: Internet Service Center

使用者: System Admin

[版本資訊]
[線上輔助說明]
登出

區域/國家 管理

區域　國家

新增區域

頁次1/1　上頁　下頁　　1　　　　　　　　　　　　　　　　　　　　　　共: 3 個區域

區域名稱	說明	國家
台灣		台灣
其他		Other
美洲		美國

頁次1/1　上頁　下頁　　1

PISC: Internet Service Center

使用者: System Admin

[版本資訊]
[線上輔助說明]
登出

編輯區域

區域名稱: 台灣

說明:

包含的國家:
⦿ 僅顯示該區域及未分配的國家　　　　　　　○ 顯示所有國家
☐ Other　　　　　　　　　　　　　　　　　☑ 台灣

更新　刪除　取消

PISC: Internet Service Center

使用者: System Admin

[版本資訊]
[線上輔助說明]
登出

編輯區域

區域名稱: 其他

說明:

包含的國家:
⦿ 僅顯示該區域及未分配的國家　　　　　　　○ 顯示所有國家
☑ Other

更新　取消

PISC: Internet Service Center

使用者: System Admin

[版本資訊]
[線上輔助說明]
登出

編輯區域

區域名稱: 美洲

說明:

包含的國家:
⦿ 僅顯示該區域及未分配的國家　　　　　　　○ 顯示所有國家
☐ Other　　　　　　　　　　　　　　　　　☑ 美國

更新　刪除　取消

（二）國家

PISC: Internet Service Center

FAQ | | ? | | | | | | | | | | | | | | |

[版本資訊]
[線上輔助說明]
使用者: System Admin　● 登出

區域/國家 管理

區域　國家

新增國家

頁次 1/1　●上頁 下頁●　　1　　　　　　　　　　　　　　　　　　共: 3 個國家

國家名稱 ⚙　　　　　　　　　　說明　　　　　所屬區域
Other　　　　　　　　　　　　　　　　　　其他
台灣　　　　　　　　　　　　　　　　　　台灣
美國　　　　　　　　　　　　　　　　　　美洲

頁次 1/1　●上頁 下頁●　　1

PISC: Internet Service Center

FAQ | | ? | | | | | | | | | | | | | | |

[版本資訊]
[線上輔助說明]
使用者: System Admin　● 登出

修改國家資料

國家名稱 : Other
說明 :

● 更新　　● 取消

PISC: Internet Service Center

FAQ | | ? | | | | | | | | | | | | | | |

[版本資訊]
[線上輔助說明]
使用者: System Admin　● 登出

修改國家資料

國家名稱 : 台灣
說明 :
所屬區域 : 台灣 ▾

● 更新　　● 刪除　　● 取消

十一、個人通訊管理

（一）公用通訊記錄

（二）個人通訊錄

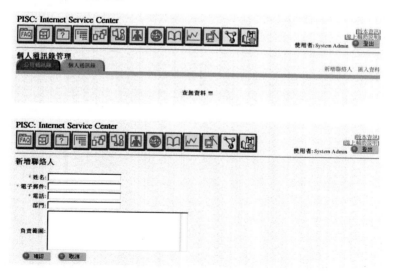

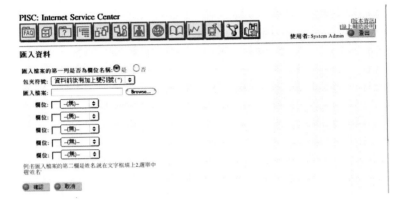

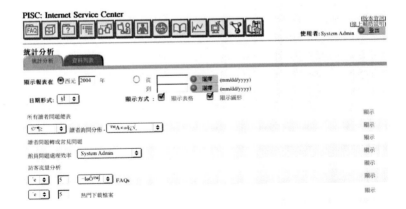

十二、統計分析

（一）資料列表

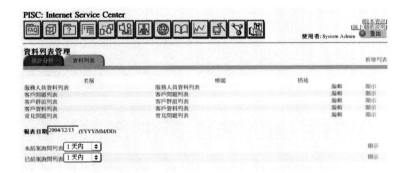

十三、系統設定

（一）內部功能設定

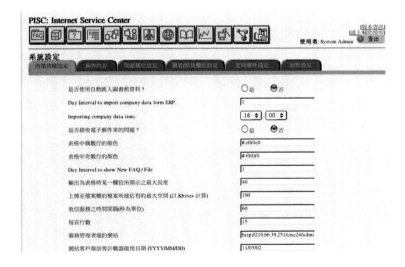

上傳至檔案櫃的檔案所能佔有的最大空間 (以 Kbytes 計算)	100
收信服務之時間間隔(秒為單位)	60
每頁行數	15
服務管理者端的網站	http://210.66.39.251/ctsc24/adm
關站客戶端瀏覽客計數器啟用日期 (YYYY/MM/DD)	11/05/02
資料庫版本	2.3
系統預設的電子郵件服務信箱	supportikc@3probe.com.tw
檔案櫃的實體根目錄	E:\ISC24\fcabRoot
Show New File base on	○建立日期 ◉最後更新日期
學校首頁網址	http://www.hcu.edu.tw/
預設服務信箱的POP3主機名稱	3probe.com.tw
POP3密碼	supportikc
POP3使用者名稱	supportikc
預設服務信箱的SMTP主機名稱	3probe.com.tw
客戶端的網站	http://210.66.39.251/ctsc24/visit

● 更新

（二）郵件內容

郵件功能描述		使用狀態
後端支援需求通知	編輯	使用中
重送後端支援需求通知	編輯	使用中
提醒客戶討論訊息已送出	編輯	使用中
提醒服務人員有一問題被重新分配到了	編輯	使用中
提醒客戶所訂閱的 FAQ 已被做了修改	編輯	使用中
當一服務人員提出問題提醒負責該問題的服務人員	編輯	使用中
當客戶提出一個新問題提醒負責該問題的服務人員	編輯	使用中
當客戶提出問題,告訴該客戶系統已收到問題	編輯	使用中
當客戶傳送新的訊息,提醒負責的服務人員	編輯	使用中
當一內部討論訊息寄出時,提醒內部使用者	編輯	使用中
提醒服務人員新的內部討論訊息已寄出	編輯	未使用
寄發電子郵件告知客戶他的登入密碼	編輯	使用中
告知客戶系統已收到客戶所寄出的問題	編輯	使用中
告知客戶系統已收到客戶所寄出的問題 (該寄信者為新的客戶)	編輯	使用中
Alarm service for inattentive inquiry	編輯	使用中
Alarm service for inattentive KForm	編輯	使用中
Alarm Service for New FAQ	編輯	使用中
當有新的副本討論訊息被提出,提醒相關的服務人員	編輯	使用中
提醒服務人員新的後端需求已寄出	編輯	使用中

(三) 問題欄位設定

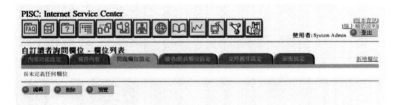

（四）系統設定－讀者／館員欄位設定

（五）系統設定－定時郵件設定

（六）系統設定－面板設定

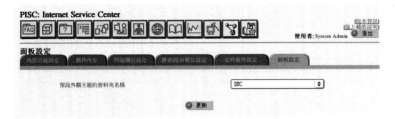

十四、語言管理

PISC: Internet Service Center

使用者: System Admin

語言管理

語言管理　字串對應　自訂字典　自訂字串對應　　　　　新增語言

語言　　　　　　　使用面板
English　　　　　　Eng
Tradition Chinese　Chinese

PISC: Internet Service Center

使用者: System Admin

編輯語言

語言：English
使用面板：Eng

請選擇或輸入語系編碼 us

○ Arabic　　　○ Baltic(Windows)　○ Central European(ISO)　○ Chinese Simplified(GB2312)
○ Cyrillic(Windows)　○ Greek(Windows)　○ Hebrew　　○ Japanese(EUC)
○ Japanese(JIS)　○ Korean　○ Thai　　○ Traditional Chinese(BIG5)
○ Turkish(Windows)　○ Vietnamese　● Western

更新　取消

PISC: Internet Service Center

使用者: System Admin

編輯語言

語言：Tradition Chinese
使用面板：Chinese

請選擇或輸入語系編碼 big5

○ Arabic　　　○ Baltic(Windows)　○ Central European(ISO)　○ Chinese Simplified(GB2312)
○ Cyrillic(Windows)　○ Greek(Windows)　○ Hebrew　　○ Japanese(EUC)
○ Japanese(JIS)　○ Korean　○ Thai　　● Traditional Chinese(BIG5)
○ Turkish(Windows)　○ Vietnamese　○ Western

更新　取消

（一）字串對應

（二）自定字串

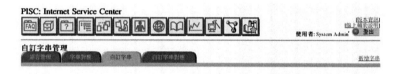

（三）自定字串對應

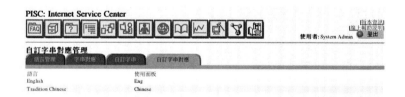

十五、推薦書刊

PISC: Internet Service Center

[版本資訊]
[線上輔助說明]
使用者：System Admin 　登出

推薦書刊

書刊名	the
作者	nn
ISBN	
備註	

出版商 unknow
出版年 1999
出版地 taiwan

☑ 成為第一個預約者
處理狀態　●未處理 ○處理中 ○已採購 ○已購入 ○已結案 ○不處理
處理備註

● 確認　● 刪除　● 取消

PISC: Internet Service Center

[版本資訊]
[線上輔助說明]
使用者：System Admin 　登出

推薦書刊

書刊名	公文寫作
作者	玄奘
ISBN	
備註	

出版商 玄奘出版社
出版年 1990
出版地 台灣

☐ 成為第一個預約者
處理狀態　●未處理 ○處理中 ○已採購 ○已購入 ○已結案 ○不處理
處理備註

● 確認　● 刪除　● 取消

國家圖書館出版品預行編目

CRM與圖書館讀者服務 / 王美玉, 蕭文娟, 馮秋
萍著. -- 一版. -- 臺北市：秀威資訊科技,
2006[民95]
　　面；　公分. -- (電腦資訊類；AD0003)
參考書目:面
ISBN 978-986-6909-19-1(平裝)

1.讀者服務　2.顧客關係管理

023.6　　　　　　　　　　　　　　95023317

 電腦資訊類　　AD0003

CRM與圖書館讀者服務

作　　　者／王美玉　蕭文娟　馮秋萍
發　行　人／宋政坤
執　行　編輯／賴敬暉
圖　文　排版／張慧雯
封　面　設計／林世峰
數　位　轉譯／徐真玉　沈裕閔
銷　售　發行／林怡君
網　路　服務／徐國晉
出　版　印製／秀威資訊科技股份有限公司
　　　　　　　台北市內湖區瑞光路583巷25號1樓
　　　　　　　電話：02-2657-9211　　　傳真：02-2657-9106
　　　　　　　E-mail：service@showwe.com.tw
經　銷　商／紅螞蟻圖書有限公司
　　　　　　　台北市內湖區舊宗路二段121巷28、32號4樓
　　　　　　　電話：02-2795-3656　　　傳真：02-2795-4100
　　　　　　　http://www.e-redant.com

2006 年 12 月　BOD 一版
定價：240 元

讀 者 回 函 卡

感謝您購買本書，為提升服務品質，煩請填寫以下問卷，收到您的寶貴意見後，我們會仔細收藏記錄並回贈紀念品，謝謝！

1.您購買的書名：＿＿＿＿＿＿＿＿＿＿＿＿＿＿＿＿

2.您從何得知本書的消息？

　　□網路書店　　□部落格　　□資料庫搜尋　　□書訊　　□電子報　　□書店

　　□平面媒體　　□ 朋友推薦　　□網站推薦　□其他＿＿＿＿＿＿

3.您對本書的評價：(請填代號　1.非常滿意 2.滿意 3.尚可 4.再改進)

　　封面設計＿＿＿　版面編排＿＿＿　　內容＿＿＿　文/譯筆＿＿＿　　價格＿＿＿

4.讀完書後您覺得：

　　□很有收獲　　□有收獲　　□收獲不多　　□沒收獲

5.您會推薦本書給朋友嗎？

　　□會　　□不會，為什麼？＿＿＿＿＿＿＿＿＿＿＿＿＿＿＿＿＿

6.其他寶貴的意見：＿＿＿＿＿＿＿＿＿＿＿＿＿＿＿＿＿＿

＿＿＿＿＿＿＿＿＿＿＿＿＿＿＿＿＿＿＿＿＿＿＿＿＿＿＿

＿＿＿＿＿＿＿＿＿＿＿＿＿＿＿＿＿＿＿＿＿＿＿＿＿＿＿

＿＿＿＿＿＿＿＿＿＿＿＿＿＿＿＿＿＿＿＿＿＿＿＿＿＿＿

讀者基本資料

姓名：＿＿＿＿＿＿＿＿＿＿　　年齡：＿＿＿＿　　性別：□女　□男

聯絡電話：＿＿＿＿＿＿＿＿　　E-mail：＿＿＿＿＿＿＿＿＿＿

地址：＿＿＿＿＿＿＿＿＿＿＿＿＿＿＿＿＿＿＿＿＿＿＿＿

學歷：□高中(含)以下　　□高中　　□專科學校　　□大學

　　　□研究所(含)以上　□其他＿＿＿＿＿＿＿

職業：□製造業 □金融業 □資訊業 □軍警 □傳播業 □自由業

　　　□服務業 □公務員 □教職　　□學生 □其他＿＿＿＿＿

To：114

台北市內湖區瑞光路 583 巷 25 號 1 樓

秀威資訊科技股份有限公司　　　收

寄件人姓名：

寄件人地址：□□□

(請沿線對摺寄回,謝謝!)

秀威與 BOD

BOD（Books On Demand）是數位出版的大趨勢，秀威資訊率先運用 POD 數位印刷設備來生產書籍，並提供作者全程數位出版服務，致使書籍產銷零庫存，知識傳承不絕版，目前已開闢以下書系：

一、BOD 學術著作—專業論述的閱讀延伸
二、BOD 個人著作—分享生命的心路歷程
三、BOD 旅遊著作—個人深度旅遊文學創作
四、BOD 大陸學者—大陸專業學者學術出版
五、POD 獨家經銷—數位產製的代發行書籍

BOD 秀威網路書店：www.showwe.com.tw
政府出版品網路書店：www.govbooks.com.tw

永不絕版的故事·自己寫·永不休止的音符·自己唱